Michel Friedman
Schlaraffenland abgebrannt

MICHEL FRIEDMAN

SCHLARAFFENLAND ABGEBRANNT

VON DER ANGST VOR EINER NEUEN ZEIT

BERLIN VERLAG

Mehr über unsere Autorinnen, Autoren und Bücher:
www.berlinverlag.de

Von Michel Friedman liegt im Berlin Verlag vor:
Fremd

ISBN 978-3-8270-1460-3
3. Auflage 2023
© Berlin Verlag in der Piper Verlag GmbH, Berlin/München 2023
Satz: psb, Berlin
Gesetzt aus der Brando
Druck und Bindung: GGP Media GmbH, Pößneck
Printed in Germany

Wie immer. In Liebe B. S. O.

Inhalt

Schlaraffenland ist abgebrannt

Ich habe nie in einem Schlaraffenland gelebt, auch wenn ich mittlerweile Merkmale eines Schlaraffen trage. Ich bin einigermaßen situiert. Ich habe studiert. Obwohl ein älterer Mann, bin ich dank eines guten Gesundheits- und Versicherungssystems noch nicht verfallen. Ich lebe in Frieden. Demokratie ist real, Mitsprache möglich, ohne Angst haben zu müssen. Doch all diese Errungenschaften und Zustände sind durch übergroße Anstrengung entstanden. Und ich habe sie nie als selbstverständlich empfunden und auch nicht als einen ewig währenden Zustand.

Wer wie ich aus einer Flüchtlingsfamilie stammt, wird nie zu einem Schlaraffen, nur weil die äußeren Umstände so wirken, als ob alles gut wäre, und wenn nicht alles, dann doch sehr viel. Ich bin (leider?) nicht naiv. Nicht gleichgültig, nicht bequem. Ich habe mit der Muttermilch aufgesogen: Alles kann zerstört werden, zerbrechen, zerbröseln, zu jeder Zeit. Das Chaos ist unberechenbar, der Mensch erst recht.

Meine Angst zwingt mich zu mehr Zweifeln, Nachdenken, Überprüfen, Neugier, Vorsicht. Meine Lebensgeschichte ist auch die Geschichte der Angst.

Sie ist der Antrieb und nicht Stillstand. Dort, wo Angst ist, gilt es, diese zu überprüfen, aus der Lähmung ins Handeln zu kommen. Für mich bedeutet die Verdrängung oder Betäubung von Angst Lebensgefahr.

In den letzten Jahren beobachte ich immer intensiver den Realitätsverlust der europäischen Demokratien, ihrer BürgerInnen und ihrer Eliten, auch der politischen. In vielen privaten Gesprächen wurde mir jedenfalls bis Mitte der 2010er-Jahre vermittelt, dass Wohlstand, Demokratie und Frieden unbegrenzt weitergehen werden. In diesen Jahren dachte ich oft darüber nach, wie die wohlhabenden Demokratien es geschafft haben, den Eindruck zu erwecken, man könne sich die meisten Probleme vom Leib halten. Nirgends wurde diese Methode so eingesetzt wie in Deutschland. Die meisten Gefahren wurden finanziell abgewendet, innen wie außen wurden Konflikte ökonomisch neutralisiert.

Viele Menschen der letzten drei Jahrzehnte erinnern mich an die drei Affen, die nichts sehen, nichts hören, nichts sagen. Die Menschen wuchsen mit den besten Rahmenbedingungen auf, die dieses Land je zu bieten hatte. Eine Wohlfühlgesellschaft, für breite Teile der Bevölkerung eine Wohlstandsgesellschaft, die immer dekadenter wurde, weil sie nur noch an sich dachte, an das »ich« dachte und Angst hatte, sich zu bewegen, wissend, dass aus der Illusion herauszutreten viel Angst und Arbeit bedeuten würde. Deswegen liegt so viel Ungelöstes herum, so viel ist liegen geblieben und bedroht die Zukunft Deutschlands und anderer Demokratien.

Ich muss immer öfter an meine Eltern denken, die die Shoah überlebt und trotzdem weitergelebt haben. Ich habe sie gefragt, wie sie morgens noch die Kraft hatten, aufzustehen und in den Tag zu gehen, was sie sich vorstellten, was sie antrieb. Sie schauten mich verdutzt an, so als hätten sie schon die Frage nicht verstanden. Mein Vater antwortete mir: »Wer wie wir die Hölle überlebt hat, durch Glück oder durch Zufall, weiß, dass jeder Schritt ins Leben, jeder Millimeter, den wir uns von der Hölle entfernen, nur möglich wurde durch verdammte Anstrengung und viel Vorsicht. Denn die, die uns in die Hölle zurückbringen wollen, haben auch überlebt.«

Ich habe dieses Buch als Gedankenreise angelegt. Ich wollte mich damit beschäftigen, warum Menschen zu allen Zeiten, wenn es ihnen gut ging, zu gut ging, irgendwann ihre Kraft nicht mehr mobilisierten, Alarmsignale nicht mehr beachteten und konstruktiv nutzten, sondern sich nur noch selbstverliebt mit ihrem Glück und ihren Sehnsüchten beschäftigten, und dass früher oder später ihr Untergang begann.

Es wird in diesem Buch vor allem um die vergangenen dreißig Jahre in diesem Land gehen, um die Gründe für die lähmende Angst, die Apathie und die Ignoranz dieser Gesellschaft und ihrer Politik (Teil I). In Teil II rücken die Brandherde in den Fokus, von »A« wie »Armut« über »K« wie »Klimakatastrophe« bis zum »Z« auf den russischen Panzern in der Ukraine. Unangenehme, beängstigende Themen, die wir verstehen und angehen müssen. Trotz der Angst.

Damit das gelingen kann, müssen wir uns darüber im Klaren sein, was uns eigentlich dazu bringt – ich schließe von »Ich« auf »Wir« –, dass wir uns immer wieder mit der inneren Unruhe abfinden und wider besseres Wissen *nicht* ins Handeln kommen. Deshalb geht es in Teil III um unsere »Schlafmittel«.

Die Lage ist ernst. Ernst heißt nicht, erst mal abwarten, empfindlich sein, die anderen machen lassen zu können. Ernst heißt, so die ursprüngliche Wortbedeutung: »energisch, voll Eifer«.[1] Im letzten Teil IV wird schließlich versucht, Auswege aufzuzeigen, um zu einem neuen, gemeinsamen Streiten und einem sich Engagieren und Handeln zu kommen.

Es ist eine Denkreise, die mich assoziativ zu vielen Gedanken, Gefühlen und Fragen geführt hat, die mich mit diesem Thema verbinden. Denn die Angst ist mein ständiger Begleiter, aber auch die Zuversicht, dass wir uns ihr stellen können.

Frankfurt, Juli 2023

I
Ruhe, bitte

Abgebrannt

Ich bin Angst. Tag und Nacht. Schon immer. Seit ich denken und fühlen, mich erinnern kann. Die Angst war Familienmitglied. Sichtbar und unsichtbar. Laut und leise. Bei meiner Mutter ein stummer Schrei. Bei meinem Vater ein Schatten. Bei mir eine ununterbrochene Alarmbereitschaft. Eine ständige innere Unruhe. Entstanden aus den Wunden des Holocaust; entstanden, weil Deutsche den größten Zivilisationsbruch der Menschheitsgeschichte zu verantworten haben.

Aber auch in der deutschen Mehrheitsgesellschaft herrschte Angst, eine andere als meine. Es war die Angst vor dem Entdecktwerden, vor der Enthüllung der Lebensbiografien der Nazizeit. Es war die Angst, dass die weiß getünchte Tapete der Anständigkeit, die die Unschuld repräsentieren sollte, weggerissen werden könnte. Schweigen. Hilft nicht gegen die Angst. Verdrängen. Hilft nicht gegen die Angst. Sie mag tiefer kriechen, bricht allerdings umso eruptiver auf.

Aber im Gegensatz zu meinen Ängsten, die blieben, weil auch in meiner Lebensgegenwart der Hass auf Juden durch alle Ritzen weiterkroch, beruhigten sich die Ängste der Tätergeneration. Die Täter schenkten sich gegenseitig Fassaden, hinter denen sie sich verstecken konnten. Sie bauten biografische Legenden auf: Ihre imaginierte Geschichte beginnt am 8. Mai 1945, einer irgendwie gearteten, von ihnen gewünschten Stunde null (als ob es in der Geschichte eine Minus-Minute geben und die Kontinuität ausgehebelt werden könnte).

Für die Täter und Täterinnen wurde alles gut und mit jedem Jahrzehnt besser. Man wollte sich in nichts mehr einmischen mit dem Argument, das könne man allein schon deshalb nicht, weil man Auschwitz verantworte. Außenpolitische Verantwortungen wurden delegiert. Der NATO-Doppelbeschluss, an dem Bundeskanzler Helmut Schmidt scheiterte, wurde diskutiert unter der Überschrift: Wir wollen mit der Aufrüstung niemanden – erst recht nicht die Sowjetunion – in irgendeiner Weise provozieren. So eine Art keine Verantwortung für nichts. Hätte der Bundestag mit der SPD-Mehrheit den NATO-Doppelbeschluss abgelehnt, hätte ich Deutschland verlassen. Ein Deutschland, das zwischen allen Stühlen sitzt, ist ein gefährliches Deutschland – bis heute.

Der Begriff der *German Angst*, über den die Welt ironisch, aber manchmal auch sarkastisch lächelte, ist letztendlich auch so zu verstehen, dass Deutschland mit sich zufrieden war. Das Wirtschaftswunder strahlte, die Mauer des Schweigens hielt, Veränderungen waren suspekt, Veränderer umso mehr. Die Aufteilung in Bundesrepublik Deutschland und Deutsche Demokratische Republik wurde im Westen zwar in Sonntagsreden beklagt, aber nur von wenigen so empfunden. Die Vereinigung war kein Thema, keine Leidenschaft, keine Priorität. Auch hier war das Prinzip »Alles ist doch eigentlich gut« beherrschend. Die Angst vor Veränderung und damit vor der Notwendigkeit, Entscheidungen zu treffen, Verantwortung zu übernehmen, Risiken einzugehen, wurde in den Jahrzehnten auch dadurch größer, weil dies nicht gelernt und geübt war.

Paradoxerweise nahm die Unruhe trotzdem nicht ab. Der Kalte Krieg war Alltag, und es gab Konfliktsituationen, in denen die Gefahr einer Konfrontation sich nicht mehr nur als theoretische darstellte. Aber sie blieb auch nach dem Fall der Mauer 1989. Sie blieb, als Deutschland von der »Blühende Landschaften«-Euphorie gleich mehrfach ins Fußballweltmeisterfieber[1] taumelte und 2008 als stolze »Konjunkturlokomotive für ganz Europa«[2] aus der Finanzkrise dampfte. Sie trieb uns weiter um, als Deutschland Globalisierung, Digitalisierung und die »Flüchtlingskrise« als Aufgaben verstand, die ein Exportweltmeister mit der gewohnten Mischung aus schlaraffenhafter Selbstgefälligkeit und kühlem Stoizismus ganz klar würde bewältigen können: »Wir schaffen das!«[3]

Wirklich? Wenn »wir« diejenigen meint, die in der Politik an entscheidenden Stellen tätig sind, in der Wirtschaft, der Verwaltung, der Bildung, der Medizin, in den Hilfsorganisationen, dann sind »wir« in den vergangenen drei Dekaden mit unserer vermeintlichen Konjunkturlokomotive in die falsche Richtung abgebogen. Wir haben vieles schon in der Vergangenheit nicht geschafft – Aufschwung Ost? Integration? Energiewende? Bildungsoffensive für die digitale Wissensgesellschaft? –, und wir haben unsere Zukunft aufs Spiel gesetzt.

Mehr als dreißig Jahre lang haben wir die Augen davor verschlossen, dass sich unsere Wirtschaft existenziell abhängig gemacht hat von autoritären, antidemokratischen, ja: menschenverachtenden Machthabern; dass unsere Schulen, Krankenhäuser und Bahnschienen marode sind; dass regenerative Energien eben nicht systematisch aufgebaut worden sind; dass unsere Verwaltung in der Zettelwirtschaft des letzten Jahrhunderts stecken geblieben ist. Und dass wir keine schlagkräftigen Strategien haben gegen die Hunderttausende, gegen die Millionen von nationalen und aus dem Ausland gesteuerten Rechtsextremisten, Querdenker, Antisemiten, Frauenverachter, Trolle und Hacker, die mit allen Mitteln versuchen, die Strukturen unseres demokratischen Rechtsstaates zu zerstören. Mit Chaos. Mit Gewalt. Mit Angst.

Mehr als dreißig Jahre lang haben wir uns immer noch in einem Schlaraffenland geglaubt und die Augen fest verschlossen davor, dass es längst brennt. Erst jetzt, nach den Erfahrungen einer globalen Pandemie, mit einem Krieg in Europa und der Aussicht auf furchtbare Dürreperioden, auf Überschwemmungen direkt vor unserer Haustür, wird uns klar: Wenn wir überhaupt noch Zeit haben, irgendetwas zu retten, dann ist es nicht mehr viel.

Stillstand

Erschütterungen sind die Regel, nicht die Ausnahme. Bisher haben wir die Ausbrüche auf Abstand gehalten, sie nicht zu nahe kommen lassen. In unser Land. In unsere Gesellschaft. In unser Leben. Im Verdrängen ist dieses Land gut trainiert. Bis heute.

Unruhen? Anschläge? Kriege? Waren zwar da, in Jugoslawien, in Armenien, Aserbaidschan, Georgien, im Irak und im Kongo, in Afghanistan, Äthiopien, Mali, Nigeria, Somalia, Sudan, im Tschad, an der Elfenbeinküste und in Tigray, Libyen, Syrien, im Jemen und im Kaukasus, in Tschetschenien, Myanmar, im Gazastreifen und jetzt in der Ukraine. Die lange Liste ist nicht einmal vollständig. Trotzdem schienen die Kriege immer weit weg. Sie waren immer bei den anderen.

Und der Klimawandel? Wir tun doch schon unser Bestes. Multikulturalität, Migration? Wir sind doch eine offene Gesellschaft, wenn die, die kommen, so werden wie wir.

Wir und unsere Kinder, zwei Generationen, sind mittlerweile überwiegend vom Wohlstand verwöhnt. (Dies gilt nicht für circa 20 Prozent unserer Bevölkerung, die nach wie vor von ihrem Gehalt gerade mal über den Monat kommen, und auch nicht für Menschen, die aus verschiedenen Gründen davon abhängig sind, Sozialleistungen zu beziehen. Ebenso wenig gilt es für viele Rentner, schon gar nicht für Rentnerinnen. Diese Aufzählung könnte man noch fortsetzen.) Vor allem in den letzten dreißig Jahren blieben die Menschen hierzulande vom Krieg verschont, in Watte gehüllt. Sie haben einen Puffer zwischen sich und die Realität geschoben, haben die vielen gegenwärtigen Brandherde – Rechtsextremismus, Armut, Flucht – nicht beachtet.

Viele von ihnen haben die Terrorakte, selbst 9/11, verdrängt, die endgültige Zäsur für das Ende des 20. Jahrhunderts und den Beginn einer neuen Weltordnung im 21. Jahrhundert. Das Selbstbewusstsein der Weltmacht USA hat damit einen bis heute wirkenden Riss erlitten, der diejenigen, die an der Seite dieser Weltmacht stehen, also auch Deutschland, ebenfalls tangiert.

Diese fundamentale Verschiebung wurde zwar eine gewisse Zeit lang debattiert, aber nie wirklich ins Bewusstsein und in politisches Handeln übersetzt. Was übersetzt wurde, war eine stetig wachsende Islamophobie, eine Misstrauenskultur, die bis heute wirkt. Es kam zu einem Krieg gegen den Irak, der auf einer brutalen Lüge der amerikanischen Administration beruhte; zu einem Eingreifen in Afghanistan, das kläglich scheiterte; zu einer eindimensionalen Fokussierung auf die islamisch-muslimische Welt als Gefahr für die westliche Zivilisation.

Teilweise traf Letzteres auch zu und trifft immer noch zu. Schaut man allerdings genauer hin, stellt sich die Frage, wie man übersehen konnte, dass zur selben Zeit China mit seiner imperialistischen Politik deutliche Spuren hinterließ; dass Putins Russland sich mit der gestutzten Rolle in der Welt nicht zufriedengeben und den Versuch, ein »großes Russland« weiterzuentwickeln, in die Tat umsetzen würde. Stattdessen schnelles Vergessen, *business as usual*.

Auch nach der Banken- und Finanzkrise 2007/2008 – nun wirklich keine große Überraschung, aber von höchster Gefahr für Hunderte Millionen Menschen, ihren Wohlstand, ihre Ersparnisse zu verlieren – wurde mit dem Versprechen der damaligen Bundeskanzlerin Angela Merkel, dass das Geld sicher sei, schnell zur Tagesordnung geschritten und der nächste Urlaub gebucht. Milliarden Schulden wurden sozialisiert, Steuerzahler bezahlten die Zeche, einige Verantwortliche mussten exemplarisch und laut ihre Jobs verlassen, wenige wurden bestraft, Länder, die überschuldet waren und deswegen ihre eigenen Kreditinstitute nicht retten konnten, wurden durch die EU doppelt belohnt und bekamen Geld und wieder Geld. Die Operation schien gelungen, und alle machten weiter.

Die Gier nach Geld wurde nicht geringer, die Regularien etwas verschärft, der Preis für die BürgerInnen war allerdings, dass die Zinsen auf null fielen, historisch einmalig nach dem Zweiten Weltkrieg in Europa. Sie standen da als die Dummen, während sich die kapitalistischen Gierhälse ihre Taschen mit Krediten zu fast null Prozent, also geschenkt, vollstopfen konnten.

2015 änderte sich der Common Sense in unserer Gesellschaft. Mit den Menschen, die nach Deutschland flüchteten, wuchs die Polarisierung. Der alte Impuls, aus Menschen »Fremde« zu machen, die nur zu uns kommen wollen, um uns unseren Wohlstand zu nehmen, unsere Lebenskultur zu verändern, sich nicht assimilieren oder integrieren wollen, all diese Stereotypisierungen funktionieren wieder bei weitaus mehr Menschen, als wir angenommen haben. Viele Wölfe zogen nun ihren Schafspelz aus, zeigten ihre hässliche Fratze, kamen von ihrem eigenen Rassismus auf die Grundsatzfrage, ob man den Rechtsstaat überhaupt so nennen könne, wenn er das eigene Volk nicht schütze, und ob es die Demokratie überhaupt noch braucht.

Eine im Streiten ungeübte Gesellschaft hat sich polarisiert, in Teilen radikalisiert und entlädt ungebremst ihre Frustration. Dass eine Partei des Hasses, die die Demokratie verachtet, in den Bundestag und in alle Landtage demokratisch gewählt und in den Bundestag wiedergewählt wurde und allen Meinungsumfragen zufolge nun bei fast 20 Prozent steht, bedeutet einen Zivilisationsbruch. Die Tatsache, dass dies viele in diesem Land nicht beängstigt, finde ich wiederum nicht nur beängstigend, sondern hochgefährlich.

Auch die Seuche Covid, die seit Ende 2019 alle Menschen zum ersten Mal in ihrer Biografie erlebten, hat die Gesellschaft fundamental verändert. Nichts ging mehr, alles Gelernte half nicht. Wir erlebten Angst vor dem Tod als individuelles wie kollektives Gefühl. Dass der Todeserreger unsichtbar war, machte den Menschen noch mehr Angst. Die Bilder aus Italien und New York zeigten eine dramatische Hilflosigkeit von hoch industrialisierten Gesellschaften, in denen Krankheit und Tod eigentlich nicht mehr unbesiegbar erschienen (welch ein Größenwahn des Menschen!). Der immer älter werdende Mensch war keine Utopie mehr, sondern eine Realität. Und dann das!

Neben der Angst vor dem Tod war auch Covid eine Provokation, eine Kränkung für all die, die dachten, der Mensch sei in der Lage, alles zu beherrschen. Ähnlich wie bei der Flüchtlingssituation zeigte sich allerdings derselbe Mechanismus an Polarisierung und gesellschaftlicher Hilflosigkeit. Sie konzentrierte sich wütend und irrational auf »die da oben«, die Eliten, die Mächtigen. Antisemitismus machte sich breit, die »jüdische Weltherrschaft« war wieder an allem schuld. Querdenker, Neonazis und Esoteriker waren die extremen Speerspitzen. Ihre Giftpfeile schlugen auch in bürgerlichen Familien ein – und wurden von dort aus weitergeschossen.

Und dann der Krieg. Seit dem russischen Überfall auf die Ukraine am 24. Februar 2022 herrscht Krieg in Europa. Es ist nicht der erste Krieg unserer Gegenwart. Vergessen und verdrängt der Jugoslawienkrieg, vergessen und verdrängt Georgien 2008, vergessen und verdrängt die völkerrechtswidrige Invasion in die Ukraine im Jahr 2014 und die Besetzung der Krim und des Donbass. Der Krieg der Türkei in Syrien und so viele andere Kriege auf dem Kontinent Europa. Bei all diesen Kriegen, die stattgefunden haben und stattfinden, das deutsche Mantra: Krieg ist kein Mittel der Politik mehr. Ich erspare uns eine Aufzählung der Kriege außerhalb Europas.

Das Leben, die Persönlichkeit der jungen Menschen in diesem Land sind schon jetzt tief geprägt von den Eindrücken der multiplen globalen Krisen. Sie verändern ihr Leben und ihr Bewusstsein. Sie jedenfalls werden nicht mehr so naiv sein zu glauben, man könne alles mit Geld von sich fernhalten und, ob die Welt nun brennt oder nicht, das eigene gute Leben so fortsetzen, wie ihre Eltern das noch getan haben. Ganz so, wie August Heinrich von Fallersleben es einmal formuliert hatte: »Ohne Ruhe geht es nicht,/ Ruh ist erste Bürgerpflicht:/Wer sich dieser Pflicht ergeben,/Kann bei uns ganz sorglos leben.«[4]

Für viele war das schöne Leben das Ziel, war wichtiger als alles andere. Der Aufstieg stand im Vordergrund. Es war doch alles gut. Es war doch gemütlich. Es war doch sicher. Und so sollte es bleiben, unser Land. Unser Schlaraffenland. Für immer und ewig.

Hinter unseren Mauern, vermeintlich geschützt, haben wir die zusammenbrechenden Gleichgewichte des 20. Jahrhunderts, die neuen Machtakteure, die ein anderes 21. Jahrhundert konstruieren wollen, zwar zur Kenntnis genommen, vielleicht sogar ernst genommen, ihre Bedrohlichkeit aber weit unterschätzt. Waren die vom letzten Staatspräsidenten der Sowjetunion Michail Gorbatschow gesetzten Schlagworte *glasnost* (»Transparenz«) und *perestroika* (»Umbau«) nicht wunderbare Glücksversprechen? Schienen nicht alle weltpolitischen Widersprüche aufgelöst, schien nicht sogar die Geschichte selbst an ein Ende gekommen, so wie Hegel es in seiner Philosophie vorgezeichnet und der Politikwissenschaftler Francis Fukuyama es 1989 popularisiert hatte?[5]

Alles war gut. Scheinbar. Was da draußen passierte, weit hinter den Grenzen unseres Wattelandes, beunruhigte uns nicht (genug). Sollte, durfte uns nicht beunruhigen. Ruhe, bitte. Ruhe!

Jetzt hat sich die Angst aus der Verdrängung zurück an die Oberfläche gekämpft. Nach drei Jahrzehnten Stabilitätsillusion erlebt die bundesrepublikanische Wohlstands- und Wellness-Gesellschaft die Wiederkehr längst vergessener Schlagworte: Pandemie. Inflation. Krieg. Wirtschaftliche Erschütterungen. Gesellschaftliche Erosionen. Das scheinbar Selbstverständliche funktioniert nicht mehr reibungslos. Nichts scheint mehr selbstverständlich. Nichts mehr »normal«.

Unser Angst- und Furchtmechanismus war wie betäubt – weil ungeübt. Er war ungeübt, weil wir an Deutschlands Türen, an die Türen der gesamten demokratisch-kapitalistischen Welt Verbotsschilder gehängt hatten: *Do not disturb!*

Wir wollen nicht gestört werden. Wir wollen nicht bedrängt werden. Wir wollen von unseren bequemen Sesseln aus das Elend in der Welt nicht sehen, nicht einmal das eigene. Wir wollen es bequem haben.

Probleme? Natürlich! Ein wenig diskutieren, Themen »anteasern«, daran haben wir uns gewöhnt, der

Energieaufwand ist nicht der Rede wert. Aber zu einer Streitkultur, also miteinander, statt gegeneinander zu reden, wirklich zu diskutieren, dazu sind viele Teile unserer Gesellschaft unfähig. Die einen runden ab, kommen schnell zum Ende, die anderen brüllen und haben immer recht, dazwischen ist nicht viel. Selbstverständlich gibt es Ausnahmen. Doch die differenzierten Argumente beherrschen nicht die Diskussion.

Wir – gemeint sind die wohlhabenden, kosmopolitischen, bürgerlichen Milieus – wollen, wenn wir unsere Freizeitgewohnheiten genießen, nicht davon gestört werden, dass nebenan Armut, Gewalt, Obdachlosigkeit und Verzweiflung wohnen. Wir wollen uns unser Club-Robinson-Leben nicht kaputt machen lassen. Wir klammern uns an unser All-inclusive-Leben.

Viele von uns wollen nicht zur Kenntnis nehmen, dass es Menschen gibt, die in tiefer Verzweiflung nichts von dem, was wir als selbstverständlich erleben, überhaupt kennen. Wir wollen nicht verstehen, dass Verzichtserfahrung existenziell zum Leben gehört. Und dass es Menschen gibt, für die Verzicht Alltag ist statt Option, weil ihre ganze Existenz jeden Augenblick bedroht und infrage gestellt ist. Auch mitten in Deutschland.

Wir haben Angst davor, dass all dies uns näher kommt, vielleicht sogar schon vor unserer Tür lauert. Wir haben Angst davor, dass uns etwas weggenommen werden könnte; dass unsere Solidaritätsbekundungen zwar dazu führen, dass wir ein bisschen abgeben, ein bisschen, das uns nicht wehtut, dass wir aber wahrscheinlich mehr weggeben müssen, wenn wir der Menschheit eine Zukunft ermöglichen wollen. Wir haben Angst davor, dass uns das erheblich an unsere Substanz gehen wird; dass wir möglicherweise nicht nur unsere Hoffnungen und Träume eines fortgesetzten Wohlstands aufgeben müssen, sondern auch unsere Illusion, Deutschland könnte eine Insel der Glückseligen bleiben.

Eigentlich wissen wir längst, dass unsere *Do not disturb*-Schilder keinen Schutz bieten und wir gnadenlos mit den Realitäten konfrontiert werden. Zu Recht haben wir Angst davor, dass unser eigenes Leben in diesen Unsicherheitssog gezogen wird. Dass es unser Schlaraffenland nicht mehr gibt. Abgebrannt.

Angriff

Ich bin Angst, seit ich mich erinnern kann. Oft frage ich mich, ob ich meinen Erinnerungen trauen kann, ob meine Erinnerung identisch ist mit meiner Vor- und Vor-vor-Erinnerung. Und ob sie irgendetwas mit dem zu tun hat, was wirklich geschah. Nichts täuscht so sehr wie unser Gedächtnis. Niemand kann sich so gut belügen und betrügen wie wir uns selbst. Weil wir leben müssen. Überleben müssen. Mit unserem Leben leben müssen. Auch wenn Krieg ist in Europa.

Meine Erinnerung ist nur mittelbar. Doch die Unmittelbarkeit, mit der meine Eltern erlebten, wie zerstörerisch, wie erbarmungslos, wie sinnlos Krieg ist, sie ist mein ganzes Leben präsent. Die Unmenschlichkeit, die Barbarei, mit der Menschen in kürzester Zeit bereit sind zu morden, die entsetzliche Plötzlichkeit, mit der sie zu allem fähig sind, mit der sie jederzeit zur mörderischen und vernichtenden Maschine werden können, kurz, dass Menschen – ich will mich davon gar nicht ausnehmen – unberechenbar sind, immer, das alles gehört zu den erschreckendsten, abschreckendsten Eindrücken dieser vermittelten Erinnerungen.

Dass die berühmte Decke der Zivilisation dünn ist (Fritz Bauer),[6] das ist auch meine eigene Lebenserfahrung. Geistige Brandstiftung und Rassismus, Respektlosigkeit und Hass, die Vorstufen der körperlichen Gewalt sind in unserer Gesellschaft Lebensalltag.

Seit dem Beginn des Ukrainekriegs, seit Russland das internationale Recht wieder brutal mit Füßen tritt und die Verantwortlichen dafür eines Tages vor einem internationalen Gerichtshof zur Verantwortung gezogen werden müssen, spätestens also seit dem russischen Überfall am 24. Februar 2022 können wir nicht mehr die Augen verschließen, sind Kriegsfolgen auch in Deutschland spürbar.

Nicht nur, wenn es um die Frage geht, ob – und wenn ja, wie – Deutschland sich militärisch engagiert. Nicht nur, wenn die Kosten für dieses Engagement zur Debatte stehen; sondern vor allen Dingen, wenn wir den Menschen begegnen – seit Kriegsbeginn sind es mehr als eine Million –, die aus der Ukraine nach Deutschland geflüchtet sind.

Die Kosten für Strom, Gas, Öl explodieren. Die Mietnebenkosten explodieren. Es explodierten die Preise für Butter, Eier, Brot, die immer noch weit über dem Niveau vor dem Krieg liegen.

Bei gut und sehr gut Verdienenden bewirkt das ein flüchtiges Frösteln, einen vorübergehend schnelleren Puls, einen kurz erhöhten Blutdruck, der sich schnell normalisiert, weil letztendlich noch genug da ist, um die bisherige Lebensqualität zwar bewusster, etwas sparsamer, aber doch fortzusetzen.

Ganz anders der Puls und Herzschlag dort, wo es

ohnehin schon knapp war. Bei denen, die jetzt schon am Zwanzigsten des Monats jeden Euro dreimal umdrehen oder keinen mehr im Portemonnaie haben.

Zwar hat die Politik wieder einmal mit sehr teuren Entscheidungen eine Subventionierung und damit eine Hilfe und Entlastung eingeführt. Doch die gesellschaftliche Wunde der sozialen Ungerechtigkeit blutet deutlich stärker als zuvor, wird größer und größer. Ihre strukturelle Vertiefung setzt sich fort. Die Notwendigkeit, mittelfristige strukturelle Lösungen zu finden, wird immer dringlicher.

Dabei ist Krieg in unserer Gesellschaft keine neue Erfahrung. An alle kriegerischen Auseinandersetzungen der vergangenen Dekaden, erst recht auf dem Kontinent Europa, erinnere ich mich intensiv. Jedes Mal war es mehr als nur ein Unwohlsein, das sich in mir breitmachte. Auch wenn mein »Alltag« funktionierte – das Bewusstsein, dass Gewalt geschieht, jetzt, irgendwo, verdarb mir die Leichtigkeit und verwandelte sie in Schwere. Auch in Angst.

Was wäre, so fragte ich mich jedes Mal, wenn ein relativ lokal begrenzter Krieg – Balkan, Georgien, Ukraine – zu einem größeren Vernichtungskonflikt führt? Welche ethischen Konsequenzen hätte das für mich und mein Land? Müssten wir helfen? Eingreifen? Mit Partnern oder allein? Geht es an, einfach zuzusehen, gar wegzusehen, wenn wenige Kilometer von Deutschland entfernt Genozide stattfinden?

Was also ist, wenn Funken überspringen? Würden wir unsere Freiheit und Demokratie verteidigen? Oder würden wir nur wieder in den »Nie wieder Waffen!«-Entschuldigungschor einstimmen, der seit den 1960er-Jahren singt? Würden wir wieder auf die Argumentation zurückgreifen, dass nach zwei Weltkriegen, nach zwei Angriffskriegen, die von deutschem Boden ausgegangen sind, nur eine einzige Antwort möglich ist: Pazifismus?

Andererseits: Wieso soll sich ein Land nicht verteidigen dürfen wie jedes andere Land auch, selbst wenn es zweimal Unglück über die Welt gebracht hat? Sosehr ich den Pazifismus und die Pazifisten respektiere, so stelle ich mir oft die Frage, ob ihre Begründung nicht doch ein Feigenblatt ist, ein vorgeschobener Grund, um immer noch nicht Verantwortung zu übernehmen. Wer soll uns eigentlich verteidigen, wenn wir es nicht selbst tun? Immer die anderen? Ist das nicht eine naive, eine regressive Vorstellung?

Als eine der größten Volkswirtschaften der Welt sind wir nicht zu schüchtern, Verantwortung zu übernehmen für unseren wirtschaftlichen Erfolg. In jeder Krise argumentieren wir, ohne zu zögern, dass wir die Wirtschaft hochlaufen lassen müssen, weil wir doch Verantwortung tragen für unsere Bürgerinnen und Bürger, für sichere Jobs. Verantwortung dafür, dass der sogenannte Mittelstand mit seinen Milliardenumsätzen und -profiten blüht und gedeiht.

Wir sind so fixiert auf das Thema Ökonomie, dass wir andere Grundaufgaben des Staates aus den Augen verlieren: die innere und äußere Sicherheit. Zwar führen wir bei der Frage der inneren Sicherheit regelmäßig Debatten darum, ob mehr nicht wieder zu viel ist. Doch dass es beim Thema der äußeren Sicherheit zu so einem radikalen Abbau des Bewusstseins gekommen ist, dass wir heute vor einer dekonstruierten Bundeswehr stehen, vor einem Trümmerhaufen, mit dem wir uns international lächerlich machen, und dass wir trotzdem von der Bundesrepublik als einer wehrhaften Demokratie reden, ist eine Paradoxie. Realistische Politik sieht anders aus.

Was hatte die Politik zu bieten im Jahr 2022, dem ersten Kriegsjahr in der Ukraine?

Parole, Parole, Parole. Die Vernebelungsargumentation, laut der Krieg keine Option der Politik mehr sei, diese Wunschvorstellung, die die deutsche Politik über Jahrzehnte geprägt hat und die schon falsch ist, wenn man nur die Kriegs- und Bürgerkriegsgeschehnisse seit 1945 auf dem europäischen Kontinent betrachtet, hat zu einer kindlichen Auseinandersetzung mit diesem Phänomen geführt. Schaut man sich die Welt an, muss man sich umso mehr fragen: Was war das? Naivität? Wunschdenken? Verantwortungsentlastung?

Russlands Angriffskrieg nötigt uns, Freiheit in Verantwortung zu reintegrieren, Verteidigungspolitik in geostrategische Politik. Russlands Angriffskrieg nötigt uns, im Schnelldurchlauf erwachsen zu werden. Das macht Angst.

Abwehr

Ich bin Jude in Deutschland. Ich kenne die Angst. Auf der Straße, im Parkhaus, im Büro, überall ist mir bewusst, dass Zivilisation und Humanismus keine zuverlässigen Fundamente des Lebens sind. Auch das Wissen darum, dass der abstrakte Begriff »global« gar nicht so abstrakt ist, wie er klingt, und dass die Ereignisse, wo auch immer auf dieser Welt sie passieren, konkret sind, dass sie auch mein Leben verändern können, ich aber nicht wissen kann, wann und warum, begleitet mich als nervöses Grundrauschen.

Wenn ich am Morgen aufwache, staune ich manchmal, dass ich die Nacht überlebt habe, und frage mich, ob ich den Tag unverletzt überstehen werde. Obwohl morgens die Sonne scheint, obwohl sich seit dem Vorabend, als ich eingeschlafen bin, scheinbar nichts verändert hat, erscheint mir das Leben fragil und die Vorstellung von Sicherheit, Ruhe und Ordnung als absurde Idee. Als kindliche Naivität und Traumwelt, in der das Gute gewinnt und das Böse verliert. Ist nicht immer so.

Was erstaunlich ist: dass das Vertrauen auf unsere Traumwelt, das Beharren auf Ungestörtstein, die Sehnsucht nach Kontinuität, dass diese (selbst gewählte) Blindheit bei den meisten Menschen *keine* Angst auslöst, dass sie stärker ist als die Erkenntnis, dass wir Öffnung, Weitergehen, Fortschritt brauchen, dass wir die dialektische Herausforderung des vielschichtigen Denkens annehmen müssen und endlich streiten lernen müssen.

Diese Blindheit betrifft diejenigen, die das Zweifeln, Nachdenken, Hinterfragen nicht geübt und gelernt haben, die es nicht lernen mussten, weil sie in ihrer persönlichen und/oder in ihrer kollektiven Lebensbiografie nicht in Extremsituationen geraten sind; weil sie in einer Wohlstandsgesellschaft aufgewachsen sind, in der Problemlösungen delegiert wurden: an Kollektive, an den Staat; weil sie ein Leben ohne Krieg, Bürgerkrieg und Armutserfahrung führen konnten; weil sie sich nicht bewähren mussten und deshalb keine zuverlässigen Alarmsysteme entwickelt haben. Keine emotionalen Resonanzpunkte, keine rationalen Bewältigungsstrategien.

Erstaunlich ist, wie lange das gut gegangen ist. Scheinbar. Wie viele Nebelkerzen nie erloschen sind, obwohl die ökonomischen und gesellschaftlichen Spaltungen die Schere zwischen Arm und Reich deutlich vergrößert haben, sowohl national als auch global. Obwohl sich das Versprechen der Partizipation am demokratisch-ökonomischen Paradies für immer mehr Menschen nicht erfüllt, machen sich immer noch zu wenig Menschen auf den Weg, um die gesellschaftlichen Bedingungen zu verändern und für mehr soziale Gerechtigkeit zu kämpfen.

Nicht erstaunlich ist die Angst vor der Veränderung und die Unsicherheit, ob man individuell wie kollektiv überhaupt vorbereitet und in der Lage ist, in der komplexen Welt, in der wir leben, diese Prozesse voranzutreiben. Menschen, die schon in der zweiten Generation keine gravierenden Krisen mehr bewältigen mussten, denen Krisentraining fehlt, haben schon nach wenigen Trainingseinheiten Muskelkater.

In unserem bisherigen Schlaraffenland lebte ein Teil der Mittelschicht nach dem Prinzip, mehr und mehr Anstrengung zu vermeiden, um sich stattdessen auf »Work-Life-Balance« zu konzentrieren, wie man heute sagt. Mehr Freizeit *und* mehr Einkommen. Mehr Freiheit *und* mehr direktive Wellness-Pläne. Jedenfalls mehr Raum für Individualität bei weniger Verantwortung für das Gesellschaftliche.

Die Gewohnheit, das individuelle Leben auf die Suche nach Glück auszurichten, nach der Definition der Freiheit zu suchen, das Ich-Leben zu entdecken, sich dem eigenen Ich hinzugeben, ist an sich nicht zu kritisieren. Und doch ergibt sich aus genau dieser Freiheitsdefinition, aus dieser egozentrischen Sicht auf das Leben, in dem die kollektive Einbindung dieses Ich verloren geht, in dem sich das Ich sogar aus der Solidargemeinschaft, der Gemeinschaftsverantwortung entziehen möchte, ein gesellschaftspolitisches Problem.

Das Ich ist auf die Gemeinschaft so angewiesen wie die Gemeinschaft auf das Ich. Dieser hedonistische, dieser utilitaristische Ich-Begriff – »Was mir nützt, will ich tun und nur dann einen Preis dafür bezahlen« – verändert Gemeinschaft, verschiebt gesellschaftspolitische Debatten in ein gefährliches Fahrwasser. Das müsste so nicht sein.

Die neoliberal geprägte Zeit seit 1989 hat in Deutschland zu einer Verfestigung der Ich-Zentrierung beigetragen. Der wichtigste Wert: mein Wachstum, mein Konsum, mein Einkommen. In Krisenzeiten erleben wir die Brüchigkeit, die Volatilität dieser Theorie.

Die wunderbare Errungenschaft der liberalen Demokratie, dass Freiheit auch bedeutet, die eigene Persönlichkeit, das eigene Leben, das eigene Ich maximal zu entdecken und danach zu leben, entkoppelt sich zunehmend von der ebenfalls in der Verfassung angesprochenen Solidarität mit der Gemeinschaft, in der wir leben. Die Vernachlässigung des Engagements füreinander und für den Makrokosmos führt zu einer entmenschlichten und einer maximal entsolidarisierten Gesellschaft. Freiheit und Demokratie leben von der Verantwortung des Einzelnen für sich selbst *und* für die Gesellschaft. Das scheinen wir mehr und mehr zu vergessen.

Schon das bisherige Schlaraffenland war nie für alle gleichermaßen da. Was als Mittelschichtsperspektive gilt, ist meist immer noch aus der männlichen Lebenserfahrung gedacht. Dieses Denken blendet aus, dass Frauen noch immer weit entfernt sind von den männlichen Möglichkeiten der Selbstverwirklichung und Vermögensbildung. Frauen verdienen in Deutschland im Schnitt fast ein Fünftel weniger als Männer.[7] Sie besetzen nicht einmal jede dritte Führungsposition.[8] Jeden Tag leisten sie mehr als fünf Stunden unbezahlte Care-Arbeit, Männer nur zweieinhalb.[9] Und 66 Prozent der Frauen arbeiten nicht zuletzt deshalb in Teilzeit, aber nur sieben Prozent der Männer.[10] Während der Corona-Jahre wurden die geringen Fortschritte der Gleichberechtigung zurückgedreht.

Die Mittelschichtsperspektive ist aber auch die Perspektive der Wohlhabenden. Sie sind oft blind gegenüber den Sorgen und Nöten der Fahrradkuriere, der Arbeitslosen, der vielen Millionen Armen, die ganz andere Probleme haben – nämlich zu überleben; die viel weniger Wahlfreiheit genießen. Eigentlich gar keine. Ihre Empathie für diese Menschen ist eher schwach.

Ja: Die Sozialkasse hilft. Mehr schlecht als recht, aber doch. Nein, stimmt nicht. In einem Land, in dem mehr als zwei Millionen Menschen bei der Tafel anstehen müssen, um Lebensmittel abzuholen, weil sie nicht genug Geld für Essen übrig haben, wird ein tiefes strukturelles und menschliches Problem sichtbar.[11]

Immer mehr Menschen in unserer Gesellschaft können, obwohl sie 40 Stunden in der Woche arbeiten, die Kosten für ein bescheidenes Leben nicht bestreiten. Viele, auch Ältere, müssen einen Zweitjob annehmen, um über die Runden zu kommen. Die strukturelle Bildungsungerechtigkeit gehört zu den großen Skandalen einer Gesellschaft, die die Idee der sozialen Gerechtigkeit vor sich herträgt.

Seit Jahrzehnten beklagen wir dieses Phänomen. Als ich in den 1960er-Jahren in die Schule ging und zum Schulsprecher gewählt wurde, saßen wir bereits beim damaligen Kultusminister und forderten Nachhilfeunterricht für die Kinder der MigrantInnen und für Jugendliche aus sozial schwachen deutschen Familien.

Alle wussten und wissen: Es liegt meist nicht an den jungen Menschen selbst, dass sie in den Schulen scheitern, sondern an der notwendigen pädagogischen Begleitung durch die Lehrkräfte. Aber auch die inhaltlichen Schwerpunkte sind immer noch nicht auf der Höhe der Zeit, sind immer noch nicht im 21. Jahrhundert angekommen. Alle wissen, dass durch diese bis heute nicht gelöste Frage die Bildungsungerechtigkeit in unserer Gesellschaft zum Himmel schreit; dass hinter den scheiternden Bildungsbiografien Menschen stehen, die den Preis für diese Ungerechtigkeit bezahlen müssen.

Alle wissen, dass, wenn nicht spätestens in der Schule der Respekt vor der Menschenwürde, vor dem Grundgesetz, vor dem sozialen Miteinander geübt wird, wir einen Teil dieser Menschen verlieren werden.

Dass der CDU-Vorsitzende Friedrich Merz diese wichtige Debatte mit seiner abschätzigen Bemerkung über »die kleinen Paschas« – gemeint waren die Söhne von MigrantInnen – reduzierte und popularisierte, war unverantwortlich. Unzweifelhaft ist, dass auch in Teilen der migrantischen familiären Realität einigen Kindern beigebracht wird, Frauen nicht zu achten und diese Gesellschaft zu verachten. Aber, erstens: Die migrantische Community ist nicht eine einzige, sie besteht nicht nur aus arabisch-musli-mischen Familien, von denen einige antidemokra-tische, frauenverachtende Wertvorstellungen haben. Und, zweitens: Auch in herkunftsdeutschen Familien mit zum Beispiel rechtsextremen Überzeugungen werden antidemokratische, frauenverachtende Narrative vermittelt.

Wenn überhaupt, dann ist es das formale Bildungssystem, das in diesen Fällen Korrekturen erzielen kann. Seit Jahrzehnten wissen wir alle, wie das geht. Mehr LehrerInnen, mehr SozialarbeiterInnen, besser ausgestattete Schulen. Seit Jahrzehnten haben alle Parteien bei diesem Thema fatal versagt. Sie tragen die Verantwortung mit, dass für Millionen Kinder nie ein Schlaraffenland entstanden ist, nie der Aufstieg möglich wurde – sondern dass sie lebenslang bezahlen für das Versagen des Systems und der Gesellschaft.

Die gesellschaftliche Durchlässigkeit bezüglich Wissen, Beruf und Einkommen ist untergraben. Das Versprechen von Aufstiegskarrieren eine Lüge. Wenn überhaupt eine Investition im sozialen Bereich einen Sinn ergibt, dann die in Bildung. Zynisch könnte man sogar sagen: Die Kosten für die Bildung sind immer geringer als lebenslange Transferzahlungen, die wir Menschen geben müssen, weil sie nicht ausreichend gebildet sind, um Berufe zu ergreifen, von denen sie leben können.

Diese Zusammenhänge sind lange erforscht, lange bekannt. Wir steuern trotzdem nicht um, setzen weiter auf Abwehr und schlagen die Türen zu.

Gleichgültigkeit

Die Welt brennt. Wo der Klimawandel Dürren bringt, brennen die Wälder und Felder. Wo Krieg ist, brennen Häuser und Menschen. Wer glaubt, dass es unser Schlaraffenland wie bisher nicht treffen wird, irrt.

Der letzte Widerstand, zu dem wir noch fähig sind, wird mobilisiert. Die Angst davor, dass nichts mehr so ist, wie es war, wächst. Und Angst, weil wir nicht wissen, wie es wird, macht sich breit. Unsicherheit. Vertrauensverlust. Oder Gleichgültigkeit.

Nur 50 Prozent der Deutschen vertrauen der Demokratie, 30 Prozent vertrauen ihr weniger bis gar nicht – das zeigt eine repräsentative Umfrage des Meinungsforschungsinstituts *policy matters* vom Oktober 2021 im Auftrag der Körber-Stiftung. Stärker ist der Zuspruch der Deutschen gegenüber der Wissenschaft (67 Prozent) und dem Bundesverfassungsgericht (55 Prozent). Dagegen zeigt nur jede und jeder Dritte Vertrauen in Bundestag und Bundesregierung, und lediglich jede und jeder Fünfte vertraut politischen Parteien.[12]

Warum ist da so wenig Vertrauen? So wenig Interesse? So wenig Engagement? So viel Angst? Teile von zwei Generationen in Folge haben es sich in der Spa-und-Wellness-Demokratie-Gesellschaft bequem gemacht. Nicht einmal mehr zur Wahl zu gehen schien zwingend, dabei haben weltweit unzählige Menschen für das Wahlrecht ihr Leben verloren. Auch in Deutschland.

Und egal, wie man zur gegenwärtigen Parteienlandschaft steht: Wählen bedeutet auch, die Partei zu wählen, die man für das geringste Übel hält. Stattdessen: Wahlverzicht. Die Nichtwähler sind auf dem Vormarsch. Der Wunsch: ein gutes, ein ungestörtes Leben. Nach dem Motto: Wenn ich euch nicht störe, stört ihr mich auch nicht. Mir soll es gut gehen. Das Ich als Mittelpunkt, alles und alle anderen in weiter Ferne, und das für immer und ewig. Was für ein furchtbares Missverständnis.

Demokratie ermöglicht, dass Menschen in Selbstbestimmung und Emanzipation ein autonomes Leben leben können. Gleichzeitig aber kann, soll dieses Leben ein verantwortliches sein. Eines, das die Freiheit nicht als Hedonismus sieht, sondern als ein Leben, das Verantwortung auch für die Freiheits- und Selbstbestimmungsmöglichkeiten anderer Menschen übernimmt.

Demokratie ist kein Selbstzweck. Das Engagement der Menschen ist der Sauerstoff dieser Idee. Die Strukturen, die Bürokratie, die Gewaltenteilung sind zwar unerlässliche, grundlegende Voraussetzungen. Aber das demokratische Engagement ist eine unverzichtbare Voraussetzung dafür, dass Demokratien nicht zu verkrustetem Verwaltungshandeln verkümmern.

Im Schlaraffenland drohte ein fundamentales Miss-verständnis: dass die Demokratie und ihre Strukturen selbstverständlicher Dienstleister für Freiheit, Selbst-bestimmung, ein gutes Leben in Sicherheit, in Frie-den und in Wohlstand seien. Dass Demokratie auch Arbeit macht? Anstrengend sein könnte? Engagement verlangt? Damit wollten die Schlaraffen wenig zu tun haben. Sie fühlten sich in den letzten Jahren oft be-lästigt, wenn der Staat, die Demokratie anklopfte und sie daran erinnerte, mitzuwirken.

Um es noch einmal deutlich zu sagen: Einer der Gründe, warum unsere Demokratie nicht nur von den demokratiefeindlichen, extremistischen Rändern her bedroht ist, sondern auch von der Gleichgültigkeit eines Teils der demokratischen Bevölkerung, liegt darin, dass man Demokratie als eine Selbstverständ-lichkeit empfand.

Aber die Demokratie verschwindet sehr schnell, wenn diejenigen, die an sie glauben, nichts für sie tun. Und sich für sie einzusetzen bedeutet eben *Engage-ment*: vielfältig, vielschichtig, von der französischen Wortbedeutung her sogar *verpflichtend*. Demokratie am Leben zu erhalten bedeutet: Streitkultur. Aus-einandersetzung. Das Ringen um bessere Lösungen. Konflikte auszuhalten, Kompromisse zu erarbeiten. Viele Diskursräume zuzulassen, die voller Leben sind. Das Leben sind wir, die Bürgerinnen und Bürger.

Sich in den politischen Raum zu stellen ist müh-sam zwar, frustrierend zwar, aber dieser Raum ist der einzige, in dem jede und jeder angstfrei einen Beitrag leisten kann. Das ist nur in der Demokratie möglich.

Aber warum bleiben viele so passiv, zurückhaltend, unsicher? Warum meiden sie die Auseinandersetzung, den Streit, den Wettbewerb in der Gesellschaft, die ihnen das Schlaraffenland ermöglicht? Wenn überhaupt, kann es nur ein demokratisches Schlaraffenland geben, niemals ein autoritäres, diktatorisches, dem Menschen gegenüber gleichgültiges.

Wahrscheinlich ist nicht Mut das Gegenteil von Angst, sondern Gleichgültigkeit. Wer gleichgültig ist, Menschen oder Inhalten gegenüber, streitet nicht. Der lebt nach dem Ich-habe-damit-nichts-zu-tun-Prinzip, dem Ich-mische-mich-nicht-ein-Prinzip, dem Ich-Prinzip.

»Ich habe immer daran geglaubt«, hat der Friedensnobelpreisträger und Holocaust-Überlebende Eli Wiesel einmal gesagt, »daß das Gegenteil von Liebe nicht Haß ist, sondern Gleichgültigkeit. Das Gegenteil von Glaube ist nicht Überheblichkeit, sondern Gleichgültigkeit. Das Gegenteil von Hoffnung ist nicht Verzweiflung, es ist Gleichgültigkeit. Gleichgültigkeit ist nicht der Anfang eines Prozesses, es ist das Ende eines Prozesses ... Das Gegenteil von Erinnerung und Gedächtnis ist nicht das Vergessen, es ist wiederum: Gleichgültigkeit.«[13]

Es scheint, dass Gleichgültigkeit in der Postmoderne noch größere Kreise zieht; dass der wachsende Egoismus und die Gleichgültigkeit zusammenhängend sind. Die Tatsache, dass der Neoliberalismus dem auch noch einen politischen Unterbau angeboten hat, ist nicht zu leugnen. Und auch die Anonymisierung, die Namenlosigkeit sowohl in der analogen als auch der digitalen Welt dynamisieren diesen Zustand.

Gleichgültigkeit ist die am meisten entmenschlichte Betrachtungsweise des Menschen. Gleichgültigkeit ist das Gegenteil von Empathie. Empathie ist die Voraussetzung, um in der Welt, in der wir leben, in Beziehung zu sich und zu anderen zu kommen. Empathie ist eine der tragenden Voraussetzungen, eine demokratische Gesellschaft möglich zu machen. Ohne Empathie, also den Willen, sich in die Perspektive und die Emotionen, das Denken und Argumentieren des »Du« einzufühlen und damit das »Ich« wirksamer werden zu lassen, ist persönliches Leben gefährdet. Gleichgültigkeit ist auch demokratiezerstörend.

Der Rückzug in die Gleichgültigkeit ist für eine Gesellschaft eine gefährliche Entwicklung. Das Gegenmodell zum Engagement, zur Empathie, zum Menschsein. Dass in unseren demokratischen, wohlhabenden Gesellschaften eine Wechselwirkung zwischen Angst und Gleichgültigkeit, zwischen Beharrlichkeit und Abstumpfung erkennbar wird, dass wir uns seit Jahren eher im Schlafzustand, im Betäubungszustand statt im Aufbruchszustand befinden, ist eine beunruhigende Zwischenbilanz. Sie macht zumindest denen Angst, die überhaupt noch etwas fühlen. Die hin und wieder noch hinsehen.

Blindheit

Ich fühle mich schutzlos. Oft. Allein. Einsam in dieser Welt. In diesem Universum. Einsamkeit macht furchtbare Angst. »Leben ist Einsamsein. Kein Mensch kennt den anderen, jeder ist allein«, schreibt Hermann Hesse.[14] Dieser Schmerz ist verstörend. Eigentlich nicht aushaltbar. Die Angst, dass dies ein Leben lang so bleiben könnte, unerträglich.

Nicht gesehen zu werden, nicht wahrgenommen und anerkannt zu werden macht Angst. Kaum ein Gefühl ist beängstigender als das, völlig allein zu sein. Einsamkeit ist tiefer Schmerz. Das Fehlen von Mitgefühl macht Menschen unmenschlich. Empathie und Solidarität dagegen können Menschen diese Angst nehmen, ermöglichen Gemeinschaft. Machen Gesellschaft möglich.

Doch Empathie kann auch Angst auslösen. Es macht Angst, wenn man mit den Menschen mitfühlt, die vor Bomben fliehen, vor Gewalt und Hunger. Mit traumatisierten Menschen. Mit Menschen, die auf der Flucht im Mittelmeer, im Ärmelkanal kentern und ertrinken. Gegen diese Angst hilft nur Handeln. Helfen. Das Gefühl von Selbstwirksamkeit und Solidarität hilft gegen die Ohnmacht. Unsere Ohnmacht beginnt zu schwinden, wenn wir Verantwortung übernehmen, wenn wir handeln.

Im Talmud heißt es: Wer einen Menschen rettet, der rettet die ganze Welt. Und wenn es nicht die großen Dinge sind, dann sind es eben die vielen kleinen Schritte. Beim Nachbarn klingeln, von dem man weiß, dass er alt, allein, auf Pflege angewiesen ist. Fragen, ob man ihm etwas aus dem Supermarkt mitbringen kann. Der alleinerziehenden Mutter anbieten, sich ein oder zwei Stunden um die Kinder zu kümmern. An Sprachkursen für Geflüchtete mitwirken.

Diejenigen, die sich im Ehrenamt engagieren, sind die stillen Vorbilder der Demokratie. Unser Staat würde wahrscheinlich in eine große Krise geraten, wenn diese Menschen nicht mehr da wären. Man mag die Wirkung des Engagements zwar nicht immer unmittelbar spüren, aber die Wellen, die soziales und politisches Engagement hervorrufen, kommen früher oder später im gesellschaftlichen Diskurs an. Und sage keiner, ein Einzelner oder eine Einzelne könne nichts bewirken bei »denen da oben«. In Ländern, in denen Diktatoren herrschen, zerbröseln diese Diktaturen an den vielen Einzelnen, die ihr Leben für die Freiheit riskieren und auf der Straße demonstrieren. Dort braucht es dazu Mut. Bei uns nicht.

Und erinnern wir uns: Die friedlichen Demonstrationen in der DDR wären nie möglich gewesen, wenn diese Menschen geglaubt hätten, sie könnten nichts tun, nichts verändern.

Es ist nicht nur die Gleichgültigkeit gegenüber sozialen Verwerfungen, die uns abhält, sondern auch die Angst davor, sich zu engagieren. Und die Angst davor, gerade damit die Angst zu füttern. »Was ich füttere, das wächst. Füttere ich die Angst, dann wächst sie.«[15] Das heißt aber auch: Füttere ich die Empathie, dann wächst auch sie. Nur: Wie füttert man Empathie, wenn man Sorge hat, den eigenen Kühlschrank nicht mehr füllen, das eigene Auto nicht mehr fahren, die eigene Heizung nicht mehr zahlen zu können? Frisst Angst Empathie auf?

Was auch immer uns Angst macht, was auch immer uns den Anschein der Ohnmacht vermittelt: Der Mensch ist nicht ohnmächtig, solange er lebt. Solange Menschen miteinander leben, können sie den Verzweifelten, den Hungrigen, den Traurigen, den Traumatisierten, den Arbeitslosen helfen. Dabei erleben wir Frustrationen, erreichen das Ergebnis dieser Solidarität nicht immer schnell und unmittelbar.

Und doch: so oft.

Und doch: Auch dann, wenn wir uns ohnmächtig fühlen, müssen wir mit neuen und kreativen Ansätzen eine Lösung finden. Mir ist die Herausforderung, die Anstrengung mehr als bewusst.

Manchmal ist man müde. Auch ich bin es. Manchmal ist man entmutigt. Manchmal stellt man sich die Frage: Warum ich? Diese Frage stelle ich mir auch.

Gleichzeitig ist das Vermögen, die Macht des Gestrigen, des Hoffnungslosen, des Negativen, des Gefährlichen für den Menschen zu brechen, in jedem angelegt. Genauso angelegt ist auch unser Vermögen, die Müdigkeit, die Verletzbarkeit, die Gleichgültigkeit, die Angst und die unendlich vielen Argumente dafür, doch weiter zu schlafen, doch weiter zu ruhen, doch pessimistisch und zynisch zu denken, zu durchbrechen.

Es geht hier weder darum, jemandem ein schlechtes, noch, ein gutes Gewissen zu machen. Es geht nicht darum, denjenigen, die jetzt nicht handeln können, überheblich gegenüberzutreten. Vielleicht können sie es bald, irgendwann. Und die, die jetzt tätig sind, nicht mehr. Wichtig ist nur, den Grundgedanken nicht zu vergessen, dass der Mensch es kann, dass er es vermag. Den Grundgedanken, dass es doch immer wieder genügend Menschen gibt, die sich auf den Weg machen für eine humane, humanistische Gesellschaft. Das ist die Voraussetzung jeden Fortschritts. Sie basiert nicht auf Hoffnung, sondern auf Handeln. Sie basiert nicht auf Versprechen, sondern auf Tun.

Warum empfinden so viele nicht, dass ihr Tun gefragt ist? »Mangel an Empathie in einer Gesellschaft sagt in erster Linie etwas über die Gesellschaft und erst in zweiter Linie etwas über den Menschen aus.«[16] Empathie muss man sich leisten können. Empathie muss belohnt werden. Empathie muss geübt werden. Was heißt es, wenn wir uns als Gesellschaft Empathie nicht mehr leisten können? Nicht mehr leisten wollen?

Anders gefragt: Können wir uns den Verlust von Empathie leisten? Was passiert mit einer Demokratie, wenn Empathie und Solidarität die Menschen nicht mehr verbinden? Und ist es nicht gerade das Kennzeichen zerfallender Demokratien, dass zum Abbruch der Solidarität aufgerufen wird? Dass Rassismus, Extremismus, Judenhass laut werden, dass Menschen gegeneinander aufgehetzt werden, die mit menschenverachtenden Parolen jegliche Empathie niederwalzen? Kann Demokratie existieren, wenn die Fähigkeit zu »zivilem Mitfühlen« stirbt?[17]

Sie kann es nicht.

Und beginnt nicht so jeder Krieg? Das anzugreifende Land und seine Menschen werden zu Feinden erklärt, die Menschen werden mit allen Begriffen, die zum Bösen gehören, etikettiert, zur Gefahr, und schließlich heißt die vermeintliche Ultima Ratio: »Entweder wir verteidigen uns mit Angriff, oder sie werden uns angreifen, um uns zu zerstören.«

Eine der Fragen des 21. Jahrhunderts besteht darin, ob und wie man Balance herstellt. Gerechtigkeit. Was heißt es für unsere Zukunft, wenn dieser Versuch in unserer Gesellschaft erfolglos bleibt? Haben wir dann noch eine Zukunft? Und wenn ja, welche?

Wir müssen uns die Frage stellen, ob die Sehnsüchte unserer hedonistischen, auf materielle Werte fokussierten Gesellschaft nicht dazu führen, dass der und die Einzelne nicht mehr in der Lage ist, das Sozialverhalten zu entwickeln, das in Krisenzeiten unverzichtbar ist – und nicht nur dann; ob es die Schlaraffenhaftigkeit ist, die unser Wohlstandsland zu einem Abstiegskandidaten macht.

Und sind es nicht die verwöhnten Schlaraffen, die Egozentriker, die jetzt am wenigsten bereit sind, Risiken einzugehen oder etwas abzugeben? Die noch nicht einmal bereit sind, überhaupt anzunehmen, überhaupt innerlich zu akzeptieren, dass sich etwas endgültig verändert hat? Unwiderruflich? Dass das Prinzip der Gutgläubigkeit dahin ist?

Sie sind es doch, die jetzt am lautesten für den Status quo werben. Sie sind es, die ihr oft mit wenig Anstrengung erreichtes Level mit Händen und Füßen verteidigen. Sie sind es, die durch die Schule zum Abitur segelten, vom Abitur an die Universität oder in die Lehre, dann die Karriereleiter hinauf, von Lohnsteigerung zu Lohnsteigerung bis hin zu einer selbstverständlich sicheren Rente. Sie sind es, die immer geglaubt haben, sich keine Gedanken über andere oder die Gesellschaft machen zu müssen. Sie sind es, die ihr soziales Gewissen an den Staat delegiert haben. Dieser sollte es richten, und nur dieser. Ihre Zukunft war selbstverständlich. Ein sicheres Abenteuer. Eine risikoreduzierte Reise.

Wer wie sie nie gelernt hat, dass diese Welt unsicher ist, wer Angst höchstens diffus und nur selten in der konkreten Furcht durchstehen musste, erlebt sich in unserer Gegenwart äußerst hilflos, hält sich die Augen zu. Die Ohren. Stürmt blind vor Angst zur Tür, um zu prüfen, ob das geliebte Schild noch hängt: *Do. Not. Disturb.*

Doch da ist ein kleines Problem: Die Tür ist weg. Es gibt keine Tür mehr. Unsere Scheinwelt, unsere Illusion, unser pseudoerfolgreiches, pseudofortschrittliches, pseudoglückliches Land ist abgebrannt.

Viele schauen weg. Viele spalten ab, viele vergessen, viele verdrängen. Nicht alle, aber doch zu viele. Viele werden ohnmächtig oder amnesisch. Portionierte Angst geht. Grenzenlose Angst macht krank. Wir grenzen grenzenlose Angst – bewusst oder unbewusst – aus unserem Leben aus: Ruhe bitte! Und doch: Die Angst ist unser Lebensbegleiter. Die Realität übrigens auch.

Wenn die Angst die Realität überdeckt oder ihre Wahrnehmung gar zerstört, ist unser Leben, unser Überleben gefährdet.

Angst

Angst vor den großen Fragen. Angst vor den kleinen, alltäglichen Dingen. Welche Angst lässt sich leichter verdrängen? Die, dass das Leben sinnlos ist, dass der Tod in das Leben eingepreist ist, dass die Welt untergeht, auch wenn sie (scheinbar) strahlt, leuchtet, aufregt, erregt, erstaunt? Oder die Angst vor einem unerwarteten Ereignis, das das Leben durcheinanderwirbelt und von uns verlangt, dass wir uns auf schwankendem Boden trotzdem im Gleichgewicht halten?

»Der Mensch ist Angst«, schreibt Jean-Paul Sartre.[18] Er meint, dass sich manch ein Mensch vor allem vor sich selbst ängstigt: »vor seiner Willensfreiheit, seinen Instinkten, seiner Verantwortung, vor der Einsamkeit und vor jedweder Veränderung, vor der Welt und den Menschen, vor *allem* ...«[19] Er ängstigt sich, weil er so radikal frei ist, dass er *alles* tun könnte.

Es ist dieses *Alles*, was beim Blick in den Abgrund erschaudern lässt: »Das Schwindelgefühl ist Angst, insofern ich davor schaudere, nicht etwa in den Abgrund zu fallen, sondern mich hinabzustürzen.«[20] Stürzen? Nein. Stehen bleiben, stecken bleiben. Auf der Strecke bleiben. Davor hat der Mensch Angst. Davor hat der Mensch mehr Angst als vor dem Einbruch des Unerwarteten. Des Unkontrollierbaren.

Angst zu überbrücken ist nur möglich, indem man gegen die Angst angeht, wenn man eine noch stärkere Anstrengung unternimmt, auch wenn die Angst selbst schon eine unerträgliche Anstrengung ist. Das Instrument dafür ist dem Menschen als einzigem Säugetier gegeben: der Verstand. Das Wissen. Das Denken. Das Reflektieren. Die Akzeptanz mehrerer Optionen zur Lösung eines Problems. Das Abwägen. Das Sich-in-den-anderen-versetzen-Können.

Das Wissen, nicht mehr aus »Gottes Gnade« oder aufgrund einer Laune irgendeiner anderen, unbekannten Macht hilflos, schicksalhaft in dieser Welt zu sein, sondern das eigene Leben als selbstbestimmtes Lebewesen mit eigenem Bewusstsein, also eigener Denk- und Reflexionsfähigkeit, durch unendlich viele Entscheidungen gestaltet zu haben und dafür die Verantwortung tragen zu müssen, verantwortlich gemacht zu werden, ist nach wie vor eine der größten Herausforderungen des aufgeklärten Menschen.

Dass sich der Mensch ängstigt, weil er so radikal frei ist, dass er *alles* tun könnte, ist nachvollziehbar. Gleichzeitig quält ihn die Angst, die Konsequenzen dafür tragen zu müssen, *alles* getan zu haben, auch wenn er in dieser komplexen, vernetzten, globalisierten Welt nicht mehr wissen kann, was dieses *Alles* ist.[21] Zur Rechenschaft gezogen zu werden. Aber vieles nicht getan zu haben, aus Angst oder aus anderen Motiven, macht ebenfalls Angst. Denn was ist das

Leben sonst als Tun? Und was ist schmerzhafter, am Ende des Lebens, als sich die Frage stellen zu müssen: Warum habe ich nicht das getan, was ich immer tun wollte? Was ich hätte tun sollen? Müssen?

Und dann gibt es noch eine Angst: vor dem Chaos; dem Kontrollverlust; dass sich der Glaube, dass man Herr über sein Leben sei, als Irrtum erweisen könnte; dass die Annahme, der Mensch habe alles im Griff, alles unter Kontrolle und nur ab und zu rissen ihn unvorhersehbare Ereignisse zu Boden, nicht stimmt.

Ist es nicht eher so, dass der Mensch nichts unter Kontrolle hat, nichts im Griff und nur ab und zu das Gefühl der Kausalität, des Wenn-dann, empfinden kann?

Ich frage mich oft, ob die Angst mich auch schützt. Mich rettet. Sensibler macht. Neugieriger macht. Häufig frage ich mich, ob sie mich stört. Mir furchtbar auf die Nerven geht. Ich frage mich, wie Angst zu überwinden ist. Oft spüre ich aber auch die Kraft der Angst, das Lebendige der Angst. Das lebendig Machende der Angst. Das Aufrüttelnde der Angst, das mich auf den Weg Bringende der Angst, den inneren Hilferuf der Angst. Das Alarmsignal. Den Weckruf gegen das Ohnmachtsgefühl.

Ein Teil der schon lange hart Malochenden, der nicht Angekommenen, der nicht in die Mitte der Gesellschaft Hereingelassenen erlebt all diese Entwicklungen, erlebt auch die eigene Ohnmacht stoisch, weil er ohnehin kaum etwas zu verlieren hat. Oder gar nichts. Ein anderer Teil reagiert mit Aggression. Empörung. Wut.

Das politische System wird nicht nur mehr und mehr von diesen Menschen infrage gestellt, sondern auch von der Mittelschicht. Der Protest der Abgehängten ist unmittelbar, authentisch, radikal. In der Mittelschicht führt die Systemfrage zu Ausweichmanövern. Sie begünstigt Enthemmung und Schamlosigkeit durch Scheinargumente, durch irrationale Konstruktionen.

Die Protestierenden sind für Fake News anfällig geworden. Sie versuchen, ihre Welt durch eine weitere Welt, die sie sich selbst konstruieren, zu retten. Damit weichen sie der Notwendigkeit aus, sich den Realitäten zu stellen. Sie suchen sich dafür politische Repräsentanten aus, die zwar noch nicht so radikal auftreten wie die Parteien des Hasses, aber sie nähern sich trotzdem genau diesen gefährlich an. Sie begünstigten die Salonfähigkeit der Lüge und die Erschaffung einer Parallelwelt, die autoritäre und populistische Konstruktionen erfindet.

Angst behindert Reflexion. Angst stört Rationalität. Angst lähmt. Wer sich den Tatsachen aber nicht stellt, wer nicht bereit ist, aus den Fakten, also dem Wissen, über Nachdenken Erkenntnis zu erlangen, sondern sich stattdessen dem Irrationalen hingibt, wird weder für sich noch für die Gesellschaft konstruktive Lösungen entwickeln.

Erst wenn wir akzeptieren, dass unser vermeintliches Schlaraffenland, unser Sicherheitsland, unser scheinbares Anti-Angst-Land bereits abgebrannt ist, können wir handeln und neu denken. Solange wir uns nicht aus der Illusion verabschieden, werden wir unsere

Zukunft nicht neu entwickeln können. Wir können nur gut weiterleben, wenn wir uns unseren Realitäten stellen. Wenn wir uns unseren Ängsten stellen.

»Durch die Angst aber muss der Mensch hindurch, um seine Freiheit zu gewinnen.« So sah es Søren Kierkegaard. »Deshalb ist Angst nicht das gleiche wie Furcht, sondern der Ausdruck für die Vollkommenheit der menschlichen Natur: ›Wer gelernt hat, sich richtig zu ängstigen, der hat das Höchste gelernt, das er als Mensch erfahren kann.‹«[22] Kierkegaard hat recht, wenn er schreibt: »Die Angst ist die Möglichkeit der Freiheit.«[23]

Wir müssen uns der Angst stellen. Das haben wir seit Jahrzehnten zu wenig getan, obwohl wir allen Grund dazu gehabt hätten. Lieber haben wir die Risse übersehen und übertüncht. Wir sind planlos. Nicht krisenfest. Unentschlossen. Das ist gefährlich.

Kürzlich wurde ich gefragt, was eigentlich gefährlicher sei: Zu viel Angst oder zu wenig. Gibt es gesunde oder ungesunde, gute oder schlechte Angst?[24]

»Gut« und »nicht gut« sind moralische, wertende Kategorien. Ich würde sie beim Thema Angst nicht primär verwenden, weil Angst ein existenzielles Gefühl ist.

Heidegger beschreibt Angst als eine »Grundbefindlichkeit«.[25] Ein abstraktes Gefühl. Ein Gefühl des Menschen, der in diese Welt geworfen und bedroht ist. Bedroht – *immer*. Sobald wir leben. Durch Gefahr, durch Gewalt, durch Krankheit, Hunger, Trennung und Tod. Durch die Natur. Durch das Chaos der Welt. Angst warnt. Angst schützt. Aber nur kurzfristig.

Ich kenne diese »Grundbefindlichkeit«. Die Angst, ich fühle sie immer. Ist aber auch die Abwesenheit von Angst fühlbar? Schopenhauer schreibt: »Wir fühlen den Schmerz, aber nicht die Schmerzlosigkeit; wir fühlen die Sorge, aber nicht die Sorglosigkeit; die Furcht, aber nicht die Sicherheit.«[26] Immerhin: Über Sicherheit lässt sich sprechen. Aber über Angst? Kann man Angst erzählen?

Angst ist eine Überlebensstimmung. Sie sollte nicht überhandnehmen und unser Leben unmöglich machen. Ihm im Wege stehen. Manchmal tut sie es trotzdem. Das geschieht, wenn uns unsere physiologischen Alarmsysteme – und dazu gehört die Angst – falsche Informationen vermitteln.

Das Gehirn speichert das Trauma. Das Neue bedeutet Alarm: Angst vor dem Unbestimmten, dem Unkontrollierten, vor dem, was in der Zukunft sein wird. Der imaginierte Tiger, der vor uns stehen könnte.

Wenn wir mit Angst auf eine konkrete Situation reagieren, handelt es sich um *Furcht*. Furcht ist Realangst. Gegen Furcht können rationale Argumente wirksam sein. Wir entwickeln Strategien. Wir versuchen, Antworten auf die Herausforderungen zu finden. Unser Verstand, unsere Vernunft wird dadurch klarer. Nichts schaltet den Verstand so radikal aus wie die Angst.

Dort, wo wir in Angst verweilen, erleben wir irrationale, affektive Reaktionen. Der Mensch spürt einerseits Angst, andererseits kann er mit seiner Vernunft keine Lösungen mehr entwickeln und steigert sich in seine Irrationalität.

Angst lässt sich nicht bewusst steuern. Es handelt sich um physiologische Prozesse, die wir nicht kontrollieren können. Bei akuter Angst steht der gesamte Körper so unter Alarm, dass die Vernunft, das Denken in diesem Moment keine Rolle spielt, ausgeschaltet ist, keine Chance hat. Das hat evolutionäre Ursachen und immer den Überlebensgrund: Der Mensch darf in konkreten Gefahrensituationen nicht zu viel nachdenken, er muss handeln. Schnell und sofort. Auch wenn er dabei lebensbedrohliche Fehler macht.

Angst ist Chemie. Körperchemie. Das Zusammenspiel der Botenstoffe und Impulse wird angestoßen durch einen plötzlichen äußeren Reiz, der je nach individueller Reizschwelle schon in minimaler Dosis wirkt oder erst bei massiver Bedrohung. Wir sehen den wütenden Mob, riechen die brennenden Mülltonnen, spüren Scherben unter den Füßen, schmecken Blut.

Es kann auch angestoßen werden durch einen Reiz, der von innen kommt: eine übertriebene, fehlerhafte Bewertung einer Situation, eine irrationale Vorstellung, eine grundlose Sorge, ein »Sediment einer vergangenen Erfahrung«, eine »abgeleitete«, eine »sekundäre« Angst, die sich komplett von der Realität abkoppeln kann.[27]

Reize aktivieren den ältesten Teil des menschlichen Gehirns: das limbische System, das archaische Bedürfnisse wie Nahrungsaufnahme und Fortpflanzung steuert. Dabei meint »Reiz« oder »Stress« oder »Gefahr« heute längst nicht mehr den viel zitierten Angriff des Säbelzahntigers. Was der Mensch als bedrohlich wahrnimmt, sind Angriffe auf seinen Besitz, auf seine Position in der sozialen Hierarchie, auf die soziale Ordnung insgesamt.[28] Mehr als vor Angst vor körperlichen Übergriffen leidet der Mensch (zumindest hierzulande) unter »Statuspanik«.[29]

Reaktionen in Stressmomenten sind also »archaisch«, nicht durch Denken transformiert. Dass sie weniger über die äußere Realität und mehr über die inneren Erfahrungen, die Erinnerungen aussagen – individuell und kollektiv –, wäre eine Erklärung für die »German Angst« und den scheinbaren Hang der Deutschen zu apokalyptisch anmutender Technik- und Zivilisationskritik und ihrer Politik der überbordenden Vorsorge.[30]

Wenn Politik diese Befindlichkeit missbraucht und mit populistischen, menschenverachtenden Narrativen noch weiter anheizt, wenn sie bereit ist, die bestehenden Ängste zu steigern, nur um ihre Macht auszubauen, wenn Parteien des Hasses auf ein ähnlich archaisches Gefühl wie die Angst – nämlich Hass – setzen, dann sollten wir alle endlich eine eindeutige Haltung entwickeln, die zu Handlungen führt.

Haltung ist komplizierter als Meinung. Eine Meinung zu haben und diese zu ändern ist schwer genug. Aber es gibt viele Schlupflöcher, um Flexibilität zu begründen. Haltungen sind grundsätzlicher, sind identitätsbestimmend, Meinungen nicht. Haltungen sind verbindlicher und rational. Haltung ist, das wäre meine Definition, wenn sich ein Mensch von Vorurteilen befreit, wenn er Affekte und Emotionen berücksichtigt, formuliert, beschreibt. Wenn diese dann zwar nicht völlig verschwinden, aber doch geringere Kraft entfalten.

Viele Menschen in unserem Land haben Meinungen, wenige Haltung. Viel Irrationalität und wenig Rationalität bei gleichzeitigem Mangel an konstruktiver Emotionalität. Wie sollen die Grundwerte verteidigt werden, wenn sie nicht auch auf emotionale Weise bejaht werden? Wir erleben, dass der Appell, das Konstruktive, das Demokratische zu vertreten, zu verteidigen, zu begründen, oft nicht genug Resonanz findet, während der Appell, dem Destruktiven Raum zu geben, Strukturen zu zerstören, deutlich erfolgreicher zu sein scheint. Warum?

Warum wollen wir nicht sehen, wo überall es brennt in unserem Land?

II

Brandherde

Was wir nicht sehen wollen

Rechtsextreme

Als Jugendlicher hatte ich mir vorgenommen, Deutschland zu verlassen, wenn eine rechtsextreme Partei – damals hieß sie NPD – in die Parlamente gewählt würde. Ich habe es nicht getan. Aus Bequemlichkeit? Aus Optimismus? Aus Hoffnung, dass es besser würde? Dass die Demokraten dieses Phänomen zurückdrängen könnten?

Wenn ich ehrlich bin, weiß ich es nicht. Wenn ich ehrlich bin, denke ich oft an meine Eltern, die zu spät begriffen haben, was um sie herum passierte, dass es mehr und mehr wurde und nicht weniger.

Während ich schreibe, ist in Italien – einem der vier größten EU-Länder – eine rechte Regierung im Amt, die sich schamlos »postfaschistisch« nennt – in der Europäischen Union kein Einzelfall mehr. Falls bei den kommenden Präsidentschaftswahlen in Frankreich die Wahl auf die Partei von Marine Le Pen fiele, würde die Europäische Union zwar immer noch nicht zerfallen – aber sie wäre eine andere. Eine, in der Menschenrechte, Demokratie und Gewaltenteilung in Gefahr wären.

Und hierzulande? Ist es völlig undenkbar, dass in

Deutschland die AfD zumindest in einer Landesregierung Mitverantwortung trägt und damit indirekt über den Bundesrat für die Bundespolitik? Verschieben sich mit dem Machtzuwachs des früher Undenkbaren unsere Messlatten? Auch meine?

Schaut man auf die Lebensqualität der Minderheiten in Polen, Italien, Schweden, in den USA, so erkennt man, dass Menschenrechte, die Gewaltenteilung, der Schutz von Minderheiten (immer zuerst) infrage gestellt werden.

Ist es, wenn eine Partei des Hasses an die Regierung kommt, nicht schon zu spät, zu gehen?

Und was tun die, die zu gegebenem Anlass immer noch gebetsmühlenartig »Wehret den Anfängen« sagen, wenn es dazu kommt? Müssten sie sich nicht spätestens dann eingestehen, dass sie schon lange, viel zu lange, viel zu viele Anfänge nicht abgewehrt haben? Und dass sie eine furchtbare Schuld auf sich geladen haben?

Die Angst vor Polarisierung führt zu einer Paralysierung der Debattenkultur. Die Behauptung, *man könne nicht sagen, was man denkt*, frisst sich in die Alltagsargumentation hinein und erweitert sich zu der Behauptung, *man habe Angst zu sagen, was man denkt*. Diese sollte man in autoritären Staaten haben. In einer Demokratie ist sie fehl am Platz.

Sie ist auch im digitalen Zeitalter fehl am Platz. Der politische Diskurs kann hart und unfair, sogar gewalttätig sein. Shitstorms sind einfach nur *shit*. Und doch: Es stimmt nicht, wenn behauptet wird, dass man seine Meinung nicht sagen kann. Denn die, die das behaupten, sagen erst recht, was sie denken. Und wenn ihnen widersprochen wird, nehmen sie diesen Widerspruch als Beweis für ihre Behauptung. Aber auch ich darf sagen, was ich denke. Und mein Widerspruch ist nicht eine Unterdrückung der Meinungsfreiheit der anderen, sondern ich nehme mir dasselbe Recht wie diejenigen, die eine andere Meinung haben. Das nennt man Streitkultur. Unsere Gesprächs- und Streitkultur befindet sich, so scheint es mir, in einem erbärmlichen Zustand. Auch in der Politik.

Wir erleben Scheingefechte. Berechenbarkeit der Argumente der jeweiligen Seiten. Im Bundestag kaum Überraschungen. In den Talkshows Monologe, die in der Regel die eigene Position wieder und immer wieder betonen. Man merkt zu schnell, dass nicht miteinander geredet wird, dass die Argumente des anderen nicht aufgegriffen werden, sondern immer und immer wieder repetiert wird, was schon viel zu oft gesagt wurde.

Dass vor diesem Hintergrund populistische Parteien immer erfolgreicher werden, ist nicht überraschend, aber umso besorgniserregender. In Deutschland ist das scheinbar Undenkbare Realität geworden: Eine demokratiefeindliche Partei mit einem Programm aus Menschenverachtung und Hass wird von Millionen Wahlberechtigten gewählt. Ja: *demokratisch* gewählt.

Dass eine Partei demokratisch gewählt wird, macht sie noch lange nicht zu einer demokratischen Partei. Dennoch tun wir so. Statt BürgerInnen für ihre Wahlentscheidungen verantwortlich zu machen, wie wir es bei jeder anderen Partei auch getan hätten, verharmlosen wir sie als »ProtestwählerInnen«.

Wir wollten und wollen uns nicht mit der Legitimität rechtsradikaler Parteien beschäftigen. Täten wir es, müssten wir uns engagieren und endlich anerkennen, was wir alle wissen: nämlich, dass bei einem nicht unerheblichen Teil der Gesellschaft seit Jahrzehnten quer durch alle Alters- und sozialen Gruppen ein struktureller Juden-, Minderheiten- und Demokratiehass in unserem Land feststellbar ist. Wir vernebeln diese Erkenntnis, weil genau dies Engagement und Arbeit bedeuten würden. Von uns. Für die Demokratie.

Wir müssten die überkommenen, die billigen Erklärungsmuster aufgeben: Ostdeutsche seien *individuell* frustriert, weil nach der Wende 1989 die versprochenen blühenden Landschaften eben nicht erblüht sind, weil Berufsbiografien abbrachen, weil man im Osten bis heute mit weniger Verdienst, mit weniger Rente zurechtkommen muss. Ostdeutsche seien darüber hinaus *individuell* belastet durch Erfahrungen der Unsicherheit, des Mangels, der Überwachung. *Einzelne* seien, so ist die Gleichung schnell zur Hand, dann verständlicherweise anfällig für rechte Parolen.

Fall abgehakt? Alles erklärt? Nein: Damit ist das Thema Angst in Ostdeutschland dem Einzelfall in die Schuhe geschoben, und es ist abgeschoben in die Vergangenheit. So wird die kollektive Angsterfahrung zu einer Aufgabe für Psychotherapie und Geschichtsschreibung. Die Angst liegt auf der Couch und im Archiv – und ist damit raus aus dem öffentlichen Diskurs.

Das hat den Vorteil, dass unangenehme Fragen im politischen Raum scheinbar nicht diskutiert werden müssen. Zum Beispiel die, ob und wie eigentlich die Tausende von Menschen entschädigt werden müssten, die über Jahrzehnte hinweg Repressalien wie Observationen, Indiskretionen, Berufsverboten und anderen Formen der sozialen Ausgrenzung ausgesetzt waren und teilweise bis heute unter massiven psychischen Problemen leiden.[1]

Die Verantwortlichen der DDR waren politische Kriminelle in Staatskleidung, die ihr Volk ausnutzten, um ihre Macht autokratisch zu zementieren und in der Staatspartei SED Karriere zu machen. Wie lebendig ist für viele die Erinnerung daran, wie sie Menschen ausspionierten, Todesstreifen bauten, Schießbefehle gaben, Unschuldige in Gefängnisse warfen, ein System des Misstrauens errichteten. Die meisten von ihnen – Stasi-Spitzel, Staatsbedienstete, wie auch immer Angepasste – wurden in den Staatsdienst des vereinigten Deutschlands übernommen. Mit wenigen Ausnahmen. Angestellte der Polizei, Rechtsprechung und der Verwaltung der Diktatur wurden Angestellte der Polizei, Rechtsprechung und der Verwaltung der Demokratie. Warum wurde die Täter-Elite der DDR bis heute zum größten Teil nicht zur Rechenschaft gezogen?[2]

Für den Westen unangenehm sind auch Fragen nach »Angst, Hass und entgrenzter Gewalt«,[3] die viele Nicht-Herkunftsdeutsche in der Wendezeit erlebten und genauso auch Herkunftsdeutsche mit alternativen Lebensentwürfen und alle, die von Rechten »links« genannt wurden.

Wie viel weiß die Öffentlichkeit darüber, dass der heute beklagte Rechtsextremismus in Ostdeutschland zur Wendezeit nicht unwesentlich von rechtsextremen Akteuren aus dem Westen organisiert und befeuert wurde? Dass es Menschen gibt, die ihre ostdeutsche Heimat heute als »Angstraum« erleben? Die auch heute noch sagen: »Ich wurde das Gefühl nicht los, dass jemand hinter mir her ist. So ganz verschwunden ist es nie.«[4]

Und was ist mit den ostdeutschen Familien, die die Erinnerung an den Großvater, die Schwester, den Onkel verdrängt haben, nachdem diese verschleppt, gefoltert, erschossen wurden, weil sie als Dissidenten galten, als Verräter der sozialistischen Idee? Das Andenken an das Schicksal der Dissidenten, derjenigen, die die friedliche Revolution erst ermöglicht hatten, ist schnell verblasst.

Viele Ostdeutsche sahen erst nach 1989 die Möglichkeit, ihre aus Todesangst und Scham zugeschütteten Geschichten hervorzuholen. »Sie stießen auf Risse, Kapseln und Depots ineinandergeschobener Traumata, auf ein Amalgam aus Schrecken, Gewalt und Verdrängung, das zu einer ganz eigenen Erzählung gebundener Transmissionsenergien verschiedener Generationen in der Geheimsprache des Unbewussten geworden war, die die Kinder und Kindeskinder zu stillen Containern von Geschichte gemacht hatte.«[5]

Ja, das klingt pathetisch. Aber ist es nicht so? Gibt es nicht auch im Westen viele Menschen, 60 Jahre alt, 70 oder 85, die nicht wissen, was genau in ihrer Familiengeschichte passiert ist – nur: dass da etwas nicht stimmt? Dass da etwas tickt, etwas, das Angst macht?

Die vergessene, vielfach verdrehte Geschichte der eigenen Familie ist für viele nicht mehr verstehbar. Kann es sein, dass es für diese Menschen deshalb so schwer ist, sich überhaupt noch selbst zu verstehen? Kann dieses schwankende Selbstgefühl ein Grund sein für den Hass auf andere? Oder dafür, überhaupt keine Gefühle mehr zu empfinden? Ist Gleichgültigkeit nichts anderes als zugeschüttete Todesangst? Hilft Empathielosigkeit gegen die Angst?

Vielleicht sind das die Begleiterscheinungen von fundamentalen politischen Übergängen. Und doch: Könnten all dies Gründe dafür sein, dass sowohl bei der Gründung der Bundesrepublik als auch nach der Wiedervereinigung antidemokratische Kräfte dieses Land in einer Form mitgeprägt haben, dass das Ergebnis heute so ambivalent ist – auf struktureller und auf persönlicher Ebene? Dass die antidemokratischen Fliehkräfte so stark sind?

Schnell und sauber sollte es gehen. Nicht zu viel reden, in die Tiefe gehen. Die Heuchelei vieler Westdeutscher, die die Vereinigung nie wollten, musste verdeckt, die ökonomischen und politischen Gewinne mussten mit hohem Tempo verteilt werden. Man arrangierte sich. Und schwieg. Zurückgeblieben sind Millionen Menschen, die ihre Lebensentwürfe in den Papierkorb werfen mussten, die ihre Perspektive, ihre Identität verloren haben und denen wenig Aufmerksamkeit geschenkt wurde. Es blieben Millionen, die nicht bereit waren, sich auf den Weg zu machen, sondern bis heute in einer doppelten Opferrolle verharren. Dass drei Jahrzehnte nach dem Fall der Mauer die Sichtweisen immer noch sehr unterschiedlich sind, zeigte sich deutlich in den verschiedenen Haltungen zur Corona-Politik ab 2020[6] und ab 2022 gegenüber dem Ukraine-Krieg.[7]

Die von der Angst am stärksten profitierende Kraft ist die AfD. Sie hat in Ostdeutschland sehr viele Sympathisanten. Erschreckend ist, dass im Osten 15,7 Prozent der 14- bis 30-Jährigen eine potenzielle »rechtsautoritäre Diktatur« befürworten (im Westen 2,2 Prozent). Im Osten sagen 6,5 Prozent dieser jungen Menschen von sich selbst, sie seien Antisemiten (im Westen: 2,6 Prozent).[8]

Erschreckend ist die geringe Gegenwehr bei der Mehrheit der Gesellschaft, und erschreckend ist auch das Versagen der demokratischen Parteien. 2020 war die FDP in Thüringen bereit, einen mit den Stimmen von CDU und AfD gewählten Ministerpräsidenten zu stellen.[9] Und Kurt Biedenkopf, von 1990 bis 2002 Ministerpräsident in Sachsen, hatte immer wieder betont, Sachsen sei immun gegen den Rechtsextremismus.[10] Sachsen? Immer wieder heißt es, man müsse Verständnis haben. Verständnis für Hass und Gewalt?

Ja, Neo-Nazis, Rechtsextreme, Terrorismus, Antisemitismus und Verharmloser des Nationalsozialismus gab es auch im Westen, schon lange vor 1989. Und auch hier wurden sie übersehen. Ignoriert. Dabei lag die Zahl der politisch motivierten Straftaten in ganz Deutschland im Jahr 2021 erstmals bei über 50 000.[11]

Erst seit die Angst immer mehr anwächst, dass durch die geistigen Brandstifter sowohl in der Parteien- und Machtstruktur als auch im Verlauf einer immer schneller sich drehenden Gewaltspirale unübersehbare Schäden für die Gesellschaft entstehen und nicht nur für Minderheiten, wurde die Angst zum Thema. Erst da wurde das lange verleugnete Phänomen *Angst vor dem Rechtsextremismus* zu aktivem Handeln.

Erst seit 2021 bezeichnet der Präsident des Bundesverfassungsschutzes Thomas Haldenwang Rechtsextremismus öffentlich und wiederholt als »die größte Gefahr für die Sicherheit und die Demokratie in Deutschland«.[12] Endlich. Auch die Einstufung der Bundes-AfD als Verdachtsfall ist ein begrüßenswerter Schritt des Verfassungsschutzes. Die wehrhafte Demokratie, immer noch schüchtern, zurückhaltend, aber doch deutlich in ihrer Diagnose, bewegt sich.

Und dennoch: Die Zustimmung für die Partei des Hasses ist nach allen Umfragen nach wie vor hoch, verliert nicht an Attraktion, obwohl die Gewalttaten der Rechtsextremisten zunehmen. In Sachsen, Brandenburg, Thüringen und Sachsen-Anhalt liegt der Stimmanteil der AfD bei mehr als 20 Prozent, in Mecklenburg-Vorpommern bei fast 17 Prozent; in sechs Bundesländern zwischen 8 und 13 Prozent, drei Länder pendeln um 5 Prozent, mit der einzigen Ausnahme Schleswig-Holstein.[13]

Die Gefahr, dass es mehr und mehr – regional, national und international – zu autoritären, pseudodemokratischen Regierungen kommt, wächst. In einigen Ländern ist sie real. Wir können in Echt-

zeit verfolgen, wohin das führt. Reaktionäre Gesell-
schaftsentwürfe werden wieder lebendig. Homosexuelle werden stigmatisiert und bedroht. Abtreibung
wird in die Illegalität verbannt. Frauenrechte beschnitten. Minderheiten drangsaliert. Der Rechtsstaat unter-
miniert. Die Medien gleichgeschaltet. Nicht weit von
uns geschehen diese Dinge. Demokratien zerbröseln
vor unseren Augen.

Und wir? Was tun wir dagegen?

Krieg

»Es ist im Leben nichts zu fürchten, sondern *alles* zu verstehen.« Dieser Satz von Marie Curie hallt nach. Was heißt *alles*? Selbst wenn ich *einiges* verstehe – zum Beispiel, dass die Gewalt unter Menschen bedauerlicherweise immer noch zu unserer Lebensrealität gehört –, hilft mir das nicht, Angst oder Furcht zu relativieren, sondern diese Erkenntnis führt zu einer neuen Angst.

Nein! Ich will immer noch nicht verstehen, warum der Mensch des Menschen Feind sein soll. Ich will immer noch nicht verstehen, warum Menschen Menschen töten, warum Kriege geführt werden: Ukraine, Mali, Kosovo, Äthiopien, Mexiko, Myanmar, Jemen, Afghanistan ... Ich will es immer noch nicht verstehen. Ich verstehe vor allem nicht, warum rassistische Narrative den Menschen Selbstwertgefühl vermitteln, warum der Hass auf andere die mangelnde Liebe zu sich selbst kompensieren soll.

Ja: Ich verstehe den Hass. Trotzdem bin ich nicht bereit, den Hass an sich zu akzeptieren. Ich verstehe nicht, warum die humanistische Konzeption des großen Theaterschriftstellers George Tabori, »Jeder ist jemand«, weniger einleuchtet als die Konzeption der Menschenhasser: »Einige sind niemand.«

Oft frage ich mich: Was ist das Gegenteil von Hass? Die meisten würden antworten: Liebe. Ich denke, es ist die Gleichgültigkeit. Hass und Liebe sind Extremgefühle. Während die Liebe, wie wir sie heute verstehen, nicht zu den emotionalen Grundausstattungen des Menschen gehört, stelle ich mir die Frage, ob das für den Hass auch gilt. Die Publizistin Carolin Emcke schreibt: »Aber Hass ist nicht einfach da. Er wird gemacht.«[14]

Wer macht den Hass, und wie? Ist Hass ein Affekt? Hassen Menschen, die andere Menschen hassen, am meisten sich selbst? Könnte man dem Hass etwas entgegensetzen? Was macht man mit einem Hass-Gedächtnis? Wie formatiert man es um? Muss eine Demokratie Hass aushalten? Wie kann man diesem irrationalen Gefühl in einem demokratischen Diskurs, der immer auf Rationalität beruht, auf Argumenten, etwas entgegensetzen? Führt Kränkung zu Hass? Selbsthass und Hass gegenüber anderen?

»Hass und Gewalt in ihren präzisen Abläufen zu beschreiben heißt, immer auch die Möglichkeit aufzuzeigen, wo sie unterbrochen oder unterwandert werden können«, so Emcke. Wo es »Handlungsoptionen« gibt.[15]

Neben dem individuellen Hass ist der kollektive Hass eines der am meisten zerstörenden Gefühle für die Menschheit. Schafft er sich im politischen Raum eine Machtbasis, wirkt er maximal zerstörerisch. Erst recht, wenn er sich von Kriegsfantasien in Krieg wandelt.

Russland war schon lange vor dem Angriff auf die Ukraine eine Atommacht. Haben wir wirklich geglaubt, dass diese Tatsache uns nicht mehr betrifft? Haben wir wirklich gedacht, dass das Thema Krieg wenigstens in Europa nur noch ein Thema für Geschichtsbücher sei, dass Europa das Friedens-Schlaraffenland geworden ist? Waren wir wirklich so überrascht, dass Putin Angst machen will, indem er immer wieder über die Atombomben spricht? Doch nicht ernsthaft, oder?

Wie haben wir Putin nicht ernst nehmen können! Wie oft hatte er uns schon gesagt, dass er den Zusammenbruch der Sowjetunion nicht hinnehmen würde. Wie oft hatte er schon erklärt, dass es sein Ziel sei, die Länder der Russischen Föderation zu vergrößern, das Machtzentrum Russland zu erweitern. War es nicht klar, dass er es nicht hinnehmen würde, dass man Russland als regionale Macht in dieser Welt sieht, wie es ihm Ex-US-Präsident Barack Obama attestiert hatte? Warum nahmen wir diesen KGB-Agenten nicht ernst, dachten, das sei Geschwätz, Propaganda?

Und: Wie haben wir es nur fertiggebracht, die Kämpfe auf dem Balkan, den Völkermord in Srebrenica, den islamistischen Terror in Europa und in der Welt, den US-amerikanischen Angriff auf den Irak, die Massenmorde in Syrien so schnell aus unserem Bewusstsein zu löschen? Gerade in Syrien, wo Putin dem Diktator Assad dabei half, gnadenlos die eigene Bevölkerung zu ermorden, und vermeintlich chemische Waffen dafür lieferte.

Ich frage: Woher kommen die Verdrängung und Verleugnung? Haben wir das alles abgespalten, weil wir mit der Angst, dass die Entwicklungen auch uns betreffen, nicht umgehen wollten? Weil wir uns damit einfach nicht beschäftigen wollten, um uns den Spaß nicht zu verderben, und weil es so verdammt anstrengend gewesen wäre, es zu tun?

Wenn es so ist, dann ist es zwar nachvollziehbar, aber trotzdem falsch, dass wir die Bundeswehr kontinuierlich abgebaut haben, dass wir den Begriff der Landesverteidigung eingemottet haben wie einen alten Mantel.

Und jetzt? Wollen wir uns wirklich einreden, dass wir mit 100 Milliarden Euro »Sondervermögen« unsere Verteidigungsfähigkeit in kürzester Zeit wiedererlangen können? Vielleicht sogar mit der Hoffnung, dass der Krieg bald zu Ende sei?

Warum ist es so schwer zu sagen: Es ist eine der Hauptverpflichtungen dieser Regierung, eine Verteidigungsarmee aufzubauen, die im Verbund mit anderen die äußeren Grenzen Deutschlands schützen kann.

Ich frage: Hatten wir zu viel Angst oder zu wenig Angst, uns den Realitäten zu stellen? Jedenfalls wird, was das Thema Krieg angeht, die junge Generation eine eigene, eine andere Erfahrung und Erinnerung in ihrem Gedächtnis speichern als die Nachkriegsgeborenen.

Was wird uns im 21. Jahrhundert geostrategisch leiten? Wie weit wird Realismus sich durchsetzen? Werden wir es schaffen, militärisch aufzurüsten und den Verteidigungsgedanken immer wieder ernst zu nehmen, ohne eine militaristische Politik zu betreiben oder den Grundgedanken einer friedlichen Ordnung hintanzustellen? Werden wir eine Balance zwischen Frieden und Aggression in Politik umformatieren können, indem wir das Entweder-oder durch ein Sowohl-als-auch ersetzen und dabei als Ausgangslage aller Strategien den *Frieden* in den Vordergrund stellen?

Die Machtfrage, wie sich die Welt in diesem Jahrhundert geostrategisch formatiert, wird bereits seit zwei Jahrzehnten verhandelt. Dabei spielen Deutschland und Europa keine Rolle. Wie denn auch?

Es gibt keine europäische Außen-, keine Verteidigungspolitik, stattdessen unterschiedliche nationale Konzepte. Es gibt außer den Atommächten Frankreich und Großbritannien, die in diesen Fragen deutlich strategischer denken als die Bundesrepublik, keine *politisch* relevanten europäischen Player. Nach mehr als einem Jahr Krieg sind wir, was Geostrategie und geopolitische Fragen angeht, kaum weitergekommen. Und auch das erscheint als übertriebene Bewertung. Wenn wir überhaupt noch Zeit haben, dann ein Jahrzehnt. Danach werden wir höchstens Zuschauer sein, die, opportunistisch, zum bösen Spiel eine gute Miene machen.

Und was passiert in Ländern wie Nordkorea, im Iran, in Pakistan, Indien und vielen anderen Ländern mehr, die Atomwaffen besitzen? Inwieweit sind wir in der Lage, eine neue Friedensordnung in der Welt überhaupt noch mitzugestalten? Inwieweit sind wir fähig zu erkennen, dass nicht nur China mit fast eineinhalb Milliarden Menschen, sondern auch Indien mit ebenfalls fast eineinhalb Milliarden Menschen – insgesamt ein Drittel der Menschheit – ganz andere Vorstellungen von Individuum und Gesellschaft, von Freiheit und Macht und zum Einsatz von militärischen Mitteln zur Durchsetzung politischer Ziele haben?

Und Afrika? Für viele ist dieser Kontinent der vielen Nationen nicht mehr als ein »Land«. Mit einem Durchschnittsalter von 18,7 Jahren ist kein Teil der Welt so jung wie dieser.[16] Allein deshalb schon wäre es empfehlenswert, unsere Vorurteile zu überdenken. Afrika wird von uns fahrlässig unterschätzt.

Solange wir uns überschätzen und andere unterschätzen, solange wir nicht verstehen können, dass in unterschiedlichen Kulturen unterschiedliche Geschwindigkeiten gelten und unterschiedliche Hindernisse Entwicklungen blockieren, solange wir glauben, dass wir nur unseren Blick, unsere Kultur, unsere Vorstellungen als die dominanten »Werte« in die Welt exportieren können, wächst die Gefahr, dass am Ende wir, Deutsche und Europäer, die Abgehängten sein werden.

Es wird darauf ankommen, wie weit wir uns von unserem postkolonialistischen Überheblichkeitsgefühl lösen und begreifen, dass wir unser Denken verändern müssen.

Anders als Europa hat China das Potenzial genutzt und in alter imperialistischer und kolonialistischer Tradition diese Länder von sich abhängig gemacht, indem es alle wichtigen Infrastrukturen aufgekauft und die finanzielle Abhängigkeit Afrikas maximal verstärkt hat.

Dass sich all diese Entwicklungen langfristig friedlich und kooperativ entfalten, ist unwahrscheinlich.

Emanzipations- und Transformationsprozesse ver-
laufen in den seltensten Fällen harmonisch. Wir reden
uns schon viel zu lange ein, dass Harmonie eine Kategorie der Weltpolitik sei. Ein Ziel: ja. Ein Zustand: nein.

Erschreckt uns deswegen der aktuelle Krieg in der
Ukraine mehr als der völkerrechtswidrige Angriff, den
Russland bereits 2014 auf die Ukraine verübt hat? Und
führt die Tatsache, dass wir jetzt einen 100-Milliar-
den-Fonds für die Wiederherstellung der Mindest-
kriterien einer Bundeswehr beschlossen haben, wirklich zu einer langfristig neuen Politik? Erkennen wir,
dass wir verletzbar, angreifbar, verwundbar sind,
wenn wir uns nicht auch militärisch so entwickeln,
dass wir uns verteidigen können?

Werden Deutschland und Europa verstehen, dass
die Bedrohung der Ukraine, der Angriffskrieg Russlands in militärischer Hinsicht nur dank US-ameri-
kanischer Hilfe eine andere Richtung wird nehmen
können? Emanzipieren wir uns von der Überlegung,
die Amerikaner werden das auch in den nächsten
Jahrzehnten für uns tun? Ist nicht die gesamte Verteidigungspolitik der Bundesrepublik Deutschland
immer noch genau auf dieser Prämisse aufgebaut?
Dass Deutschland und Europa sich nicht verteidigen
können, ist ein Thema, das nicht verschwindet, wenn
wir darüber schweigen.

Schon jetzt stockt die Idee der Europäischen Union
als politische Institution. Statt Kooperation erleben
wir Konfrontation. Nationale Befindlichkeiten werden immer deutlicher. Zwar gibt es mehr und mehr
binationale militärische Kooperationen, aber letztend-

lich wird es eine europäische Armee erst geben können, wenn es zu den Vereinigten Staaten von Europa kommen wird – eine wünschenswerte Utopie. Ein Europa, aufgebaut wie die Bundesrepublik Deutschland: föderale Autonomien mit wenigen Aufgaben für eine Zentralregierung.

Ohne eine europäische Armee allerdings wird Außenpolitik deutlich begrenzt bleiben. Militärisch auf Augenhöhe zu sein ist, wie der damalige NATO-Doppelbeschluss verdeutlichte, die beste Verteidigungspolitik. Ein Krieg, der eine Lose-lose-Situation darstellt, kann dadurch verhindert werden. Übrigens: Demokratische Staaten haben sich in den letzten Jahrzehnten nicht militärisch angegriffen.

Eigentlich ist die Zeit abgelaufen. Wir sind in deutlichem Verzug. Sollte man trotzdem die Optimismus-Tür öffnen? Wenn in diesem Jahrzehnt nicht gravierende, ernst zu nehmende Aktivitäten entwickelt werden, werden die Länder der Europäischen Union, und damit auch Deutschland, militärisch, geostrategisch und geopolitisch noch weniger eine Rolle spielen als heute, wahrscheinlich sogar ganz unbedeutend werden. Das könnte mittel- und langfristig bedeuten, dass wir Freiheit und Demokratie nicht mehr werden verteidigen können. Und dass Staaten wie Österreich oder die Schweiz, die sich »neutral« nennen, im Verlauf des 21. Jahrhunderts möglicherweise zu lächerlichen Restbeständen der Vergangenheit werden.

Das Unbehagen und die Angst angesichts dieser Entwicklungen sind zwar nachvollziehbar, führen allerdings zu Unbeweglichkeit, zum Verharren im

Ist-Zustand. Sie verstopfen unsere inneren und äußeren Alarmsysteme, sodass wir nicht nur die Chancen nicht mehr sehen, sondern auch die Gefahren nicht mehr erkennen. Dass Günther Anders schon 1956 den Begriff der »Apokalypse-Blindheit«[17] entwickelt hatte, ist ein Hinweis darauf, wie lange wir schon nicht mehr sehen können, was ist.

Aber die Apokalypse ist noch nicht da, wird wahrscheinlich auch nicht stattfinden. Was aber stattfinden kann, und dies ist historisch schon so oft beobachtet worden, ist der Zusammenbruch wohlhabender und sich überschätzender Gemeinschaften durch den Machthunger und die Machtfantasien aggressiver Rivalen, die sie nicht oder zu spät erkannten. Das Mittel dazu ist immer der Krieg gewesen.

Flucht

Meine Muttersprache ist Polnisch, da sich meine Eltern in dieser Sprache verständigten. Polnisch war meine Zuhausesprache. Meine erste Lebenssprache war Französisch. Dann kam Deutsch hinzu. Bei meiner Ankunft: kein einziges Wort. Bei meinen Eltern genauso.

Wir waren Migranten. Im Zweiten Weltkrieg waren meine Eltern aus Polen geflüchtet, vor den antisemitischen Pogromen, nach der Shoah, in Krakau. Mit ihrem UN-Staatenlosenpass landeten sie als Flüchtlinge in Frankreich. Paris. Von dort gingen sie als Migranten weiter nach Deutschland. Frankfurt. Auch ich bin Migrantenkind.

In Europa erschrecken Millionen Menschen und ihre Regierungen zutiefst, dass Menschen, die fliehen müssen, um zu überleben, zu uns kommen wollen. Vor allem in Deutschland, wo nur zögerlich akzeptiert wird, dass es ein Einwanderungsland ist: 1992, nicht lange nach der Wiedervereinigung, kamen 1,5 Millionen Menschen, 2015 kamen 2,14 Millionen Menschen,[18] 2022 kamen 1,1 Millionen Menschen allein aus der Ukraine.[19] Bis 2050 werden weltweit möglicherweise 216 Millionen Menschen vor den Folgen der Klimakatastrophe fliehen müssen.[20]

Da ist sie wieder, die Diskussion über den Fremden, den anderen; den, der nicht so ist wie wir; den, der weniger ist als wir, weniger *wert* als wir, der für uns gefährlich ist. Da ist es wieder, das »Das Boot ist voll«-Gerede, die Diskussion über »Flüchtlingsobergrenzen«; über Menschen, die doch bleiben sollen, wo sie sind. Dass Vielfalt bereichert, dass laut Weltbank auch die Zahl der »Klimaflüchtlinge« um 80 Prozent sinken könnte, wenn nur die Höhe der Treibhausgase gesenkt, die Ökosysteme repariert würden, das wird schnell übergangen. Denn daraus würden direkte Konsequenzen für den noch immer schlaraffenlandartigen Lebensstil folgen, den sich mehr als vier Fünftel der Deutschen leisten können.[21]

Wir haben doch eigentlich mit alldem nichts zu tun, wollen doch nur in Ruhe leben, in Ruhe gelassen werden; in unserer Routine stecken bleiben, denn Routine schafft Sicherheit, und die, die kommen, stören diese Sicherheit. Deswegen können, nein, wollen wir ihnen keine Sicherheit geben, sind erschöpft. Von was, von wem eigentlich? Von der eigenen Angst? Wenn es um Leben und Tod geht, vor allem um das eigene Leben, wird Angst grenzenlos.

Trotzdem zeigen viele Menschen Mitgefühl. Gefühl. Sie bleiben nicht in ihrem Egoismus hängen, denken nicht nur an sich. Helfen. Auch wenn sie Angst haben – sie überwinden sie, sie lassen sich nicht von ihr beherrschen.

Sie arbeiten ehrenamtlich beim Roten Kreuz, bei

der Flüchtlingshilfe, bei der Arche, in einer Partei, bei Amnesty International oder bringen dem Nachbarn, der krank ist, Medikamente aus der Apotheke mit.

Sie versuchen, mit den Realitäten des Lebens umzugehen. Sie versuchen, der Gleichgültigkeit durch ihr Handeln Einhalt zu gebieten. Sie motivieren andere, etwas zu tun, einen Schritt weiter zu gehen, aus der Komfortzone in die Lebenszone zu gehen. Sie sind die vielen, die auf der *einen* Seite. Wie viele andere gibt es? Wie viele andere Seiten?

Mit dem Krieg in der Ukraine wird das Thema Flucht reaktiviert und kommt wieder stärker ins Bewusstsein. Interessanterweise schaffen es die rechtsextremistischen Rassisten nicht, die Angst so extrem zu schüren wie während der »Flüchtlingskrise« 2015. Liegt es daran, dass es sich dieses Mal nicht um Muslime, sondern um Christen handelt? Liegt es daran, dass mehr Frauen und Kinder und weniger Männer flüchten? Liegt es daran, dass uns der Fluchtgrund nachvollziehbarer erscheint?

Die grundsätzliche Frage aber bleibt: Wie umgehen mit Menschen, die zu uns kommen wollen und müssen? Wie umgehen mit der Tatsache, dass wir auch darauf angewiesen sind, dass Menschen zu uns kommen – wollen?

Obwohl wir de facto seit Jahrzehnten nicht nur ein Einwanderungsland, sondern existenziell auf Einwanderung angewiesen sind, werden jetzt, immer noch zu zögerlich und defensiv, immer noch zu leise und zu schüchtern, Einwanderungsgesetze beschlossen. Punktesysteme, die in anderen Ländern wie den USA,

Kanada oder Australien seit Jahrzehnten existieren. Die ehrliche Aussage: »Ja, wir wollen, dass Menschen zu uns kommen, die gut ausgebildet und dadurch im Interesse unseres Landes sind.«

Tatsache ist aber, dass Menschen, die bereits gekommen sind, ob aus Indien oder aus anderen Ländern, zum Teil wieder gehen, obwohl sie gut verdienen. Sie beschreiben ein Klima der Abwehr, des Sichfremd-Fühlens, weil sie als Fremde markiert, weil sie zu Fremden gemacht werden.

Die Heterogenität einer Gesellschaft ist im 21. Jahrhundert Lebensalltag und Lebensgrundlage. Der Pluralismus ist der Sauerstoff der Zukunft. Ich habe noch nie Angst vor der Vielfalt des Menschen gehabt. Wenn – dann vor seiner Einfalt.

Es kommen nicht Flüchtlinge, nicht Asylbewerber, nicht unerwünschte Einwanderer. Es kommen immer Menschen. Dass wir sie brauchen, ist sekundär.

Sie stehen, solange sie in Deutschland leben, unter dem Schutz des Grundgesetzes. Artikel 1, »Die Würde des Menschen ist unantastbar«, gilt auch für sie. Sie stehen unter dem Schutz der Menschenrechte. Wie Hannah Arendt es formuliert, haben sie einen Anspruch, auf dem sie bestehen können: das »Recht, Rechte zu haben«.[22] Das unterscheidet Menschenrechte von Bürgerrechten. Diese sind verhandelbar. Menschenrechte nicht. Und doch haben wir das Asylrecht durchlöchert.

Das Recht, Rechte zu haben, ist ein Apriori des Menschseins. Auch wenn Rassisten das anders sehen wollen, müssen sie sich damit abfinden. Das bedeutet aber auch, dass unsere Verfahren diesen Gedanken berücksichtigen. Nicht die Menschen, die zu uns kommen, sind dafür verantwortlich, dass unsere unterbesetzte Verwaltung mit der Arbeit nicht hinterherkommt; dass sie deswegen viel zu lange in Flüchtlingsheimen ohne Arbeitserlaubnis verwahrt werden; dass die Kakofonie in der Europäischen Union ebenfalls ein Problem darstellt, zeigt sich immer wieder.

Dass es Missbrauch gibt, ist so unstreitig wie banal und darf denjenigen, die keinen Missbrauch ausüben, nicht in die Schuhe geschoben werden. Dass wir Menschen, die wir abschieben könnten, nicht abschieben, weil ihr Leben in ihren Ursprungsländern bedroht ist, ist kein Zeichen von Schwäche, sondern ein Beweis, dass wir die Menschenwürde, dass wir das Leben ernst nehmen.

Dass wir diejenigen, die wir abschieben könnten, ohne Wenn und Aber nicht abschieben, ist eine innenpolitische Frage. Wenn der Rechtsweg abgeschlossen ist und keine Hinderungsgründe mehr dafür sprechen, sollte abgeschoben werden, weil auch dies der Rechtsstaat verlangt, weil auch dies ihn stärkt.

Dass das Thema Migration, Flucht, gewünschte Einwanderung also ein schicksalhafter Politikbereich des 21. Jahrhunderts sein wird, ist allen klar. Dass unsere Debatten in der Europäischen Union und in Deutschland allerdings immer noch so unbefriedigend sind und die Umsetzung dieser Politik noch unbefriedigender, liegt an der Tatsache, dass die gesellschaftspolitische Debatte nicht auf der Höhe der Zeit ist.

Solange der Fremde, der andere als eine Bedrohung

angesehen wird, statt als eine notwendige Bereicherung, eine mögliche Chance, solange wir also unser Menschenbild nicht verändern, solange man mit furchtbaren Drohszenarien wie der »Islamisierung des christlichen Abendlandes« oder Sprüchen wie »Die nehmen uns Arbeitsplätze weg« Menschen erreichen kann, obwohl wir alle wissen, dass Einwanderung die einzige Chance ist, um Arbeitsplätze wieder besetzen zu können, solange wir die Themen Flucht, Migration und Einwanderung in einen Topf werfen, solange wir im Zweifel nicht für den Menschen entscheiden, solange wir nicht zusätzliche Sozialsysteme erarbeiten, werden wir die Zukunftsfähigkeit Deutschlands und der Europäischen Union nicht erreichen.

Unsere wehrhafte Demokratie ist wehrlos. Aber ist die Tatsache, dass wir zu wenig Polizistinnen haben, zu wenig Staatsanwälte und Richterinnen, die die Demokratie wirkungsvoll verteidigen, deshalb ein Problem, weil wir zu viele Nicht-Deutsche in unserem Land haben? Oder nicht vielmehr ein Problem, das davon vollkommen unabhängig ist? Auch wenn es um die Auseinandersetzung mit Rechtsextremisten, mit Linksextremisten, mit Kriminellen geht, müssen wir dieselbe Diagnose stellen: Der wehrhafte Staat ist personell unterbesetzt.

Und braucht es für das Zusammenleben der vielen Verschiedenen wirklich mehr Grundvoraussetzungen als den Respekt vor dem Grundgesetz und Kenntnisse der Sprache? Mehr als diese beiden Säulen?

Nein, sagen viele. Es müsse auch eine erfolgreiche Integration hinzukommen. Ich bin skeptisch, ob der

Begriff der Integration im 21. Jahrhundert noch der richtige Begriff ist. Trägt er nicht noch viel zu viele Spuren des Assimilationsgedankens in sich? Übersieht er nicht, dass Menschen, die zu uns kommen, von uns genauso beeinflusst werden wie wir von ihnen? Bei mehr als einem Viertel der deutschen Bevölkerung, die wir immer noch mit dem furchtbaren Etikett »Migrationshintergrund« bekleben, wird man am Ende dieses Jahrhunderts kaum mehr unterscheiden können, wer »Herkunftsdeutscher« ist und wer nicht.

Nicht nur deshalb braucht es einen neuen gesellschaftspolitischen Vertrag aller Bürgerinnen und Bürger dieses Landes. Einen Vertrag, der die Emanzipation und Partizipation aller Beteiligten ermöglicht, die Vielfalt aller Identitäten gleichberechtigt respektiert; der die kulturellen Identitäten als Bereicherung und nicht als Bedrohung markiert.

Bei der konsequenten Umsetzung dieses Gedankens haben wir uns in der Vergangenheit viel zu wenig angestrengt und uns viel zu sehr in ein Schwarz-Weiß-Denken hineinbegeben. Es ist Zeit, dass die demokratischen Parteien dieses Thema von der Ablehnung eines Teils der Bevölkerung trennen und einen Konsens für das Prinzip der Rechtsstaatlichkeit erreichen. Dieser wird nur zu erreichen sein, wenn auf allen Ebenen das, was wir »Willkommenskultur« nennen, glaubwürdig ist. Und wenn wir auf allen Ebenen dort, wo migrierte Menschen diesen Prozess nicht nur nicht wollen, sondern aktiv dagegenleben, die Sanktionen genauso hart setzen wie bei Menschen, die hier schon lange oder sogar schon immer leben und die unsere Gesetze und Grundrechte ebenfalls nicht respektieren.

Sowohl aus guten als auch aus konfliktreichen Erfahrungen wissen wir, dass das Miteinanderleben nicht mehr verhandelbar ist. Wir müssen lernen, die Chancen dieses Zusammenlebens über die Gefahren zu stellen. Das schließt auch diejenigen ein, die nicht Deutsche sind. Sie bei den Verhandlungen um ein gutes Miteinander auszugrenzen ist fahrlässig und dumm. Wieso sollten Ausländerinnen und Ausländer aus Drittstaaten (Nicht-EU-Staaten), die seit acht Jahren in einer Stadt leben, nicht das kommunale Wahlrecht bekommen? Warum wird ihr Engagement auf »Vereine, Bürgerinitiativen, Gewerkschaften und Schulen« beschränkt?[23]

Und noch einmal anders gefragt: Warum verlangen wir nicht, wie von vielen anderen Gruppen in diesem Land auch, dass sich Menschen wie Björn Höcke, Alexander Gauland, Hans-Georg Maaßen, Alice Weidel und Beatrix von Storch integrieren? Millionen Menschen in Deutschland, die den ersten Artikel unseres Grundgesetzes brechen, indem sie die Würde des Menschen als antastbar definieren, sind nicht integriert. Sie sind Feinde der Verfassung.

Klima

Mit der Globalisierung haben wir die Verantwortung für die Ausbeutung von Arbeitskräften mit Hungergehältern und Sklavenarbeit ins Ausland delegiert, haben weggeschaut, wo Kinderarbeit Alltag ist. Bis heute haben auch noch zu viele der jungen, engagierten Menschen nicht das Bedürfnis zu hinterfragen, wo ihre T-Shirts produziert werden. Denn obwohl – zumindest in der westlichen Welt – das Bewusstsein für die Notwendigkeit nachhaltigen Handelns gewachsen ist, empfindet die Instagram- und TikTok-Generation einen hohen Druck, den hochtourig wechselnden Trends auf Social Media gerecht zu werden.

Ein Outfit zweimal tragen? Zumutung. Ein Teil der Generation Z, die eigentlich als Vorreiterin in Sachen Klimaaktivismus und soziale Gerechtigkeit gilt, kurbelt eben auch das Wachstum von Fast-Fashion-Ketten an – es sind nicht nur die verwöhnten »Boomer«. Dabei wundert sich kaum jemand über fragwürdige Arbeitsbedingungen und bergeweise Überproduktion.[24]

Ich verstehe die Ängste der jungen Generation, die

sich in Protesten zusammenfindet, um ihrer Angst Ausdruck zu verleihen; auch ihre Wut gegenüber ihren Eltern und den vorangegangenen Generationen. Sie ist berechtigt. Wir wissen das, was wir wissen, schon seit Jahrzehnten und haben nichts, oder zu wenig, getan. Aus vielerlei Gründen. Der wichtigste war: Kapitalismus. Gier. Bequemlichkeit. Und seien wir ehrlich: auch ein bisschen Gleichgültigkeit.

Auch die »Letzte Generation« kann ich verstehen. Ich verstehe die Radikalität. Die Verzweiflung. Den Aktivismus. Wo soll er stattfinden, wenn nicht in der jungen Generation? Und doch glaube ich, dass die Protestmethodik nicht dazu führen wird, die verkrusteten Systeme und die Macht, die vielschichtig und in den unterschiedlichen Teilen der Welt unterschiedlich motiviert ist, jetzt und sofort radikal umzukehren.

Zivilen Ungehorsam als Begründung dafür zu formulieren, das Recht zu brechen, erscheint mir fehl am Platz und geprägt von aktivistischem Größenwahn und Selbstüberhöhung. Gewalt bleibt Gewalt. Den Freiheits- und Bewegungsraum anderer Menschen einzuschränken ist ein tiefer Eingriff in deren Rechte. Denkt man an die Verhältnismäßigkeit und die Möglichkeiten anderer, auch schriller und lauter Protestformen, kommt man zu dem Ergebnis, dass die Debatte über die »Letzte Generation« – nicht über das *Ob*, sondern über das *Wie* – eine berechtigte ist.

Betrachtet man die niedrige Zustimmung zu dieser Protestform in der Bevölkerung, muss sich die »Letzte Generation« fragen lassen, ob sie immer noch glaubt, dass das Sich-Ankleben im öffentlichen Raum und die Behinderung von Tausenden Menschen dem Zweck des Protestes dient, nämlich eine Sensibilisierung für die unverschiebbare Notwendigkeit des Klimaschutzes zu schaffen. Wenn Proteste nicht nur dazu dienen sollen, den Protestierenden ein gutes Gefühl zu verschaffen, empfiehlt sich ein kritisches Überdenken.

Die Inszenierungen der Aktivisten im politischen Raum folgen altbewährten Rezepten. Um größtmögliche Aufmerksamkeit zu erlangen, werden scheinbare Tabubrüche, »mutige« Aktionen inszeniert, nach dem Motto: Je größer der Tabubruch, desto erfolgreicher die Aktion. Interessant ist es zu beobachten, dass auch die Grünen, bei denen jedenfalls die Älteren vor Jahrzehnten ebenfalls Rechtsverstöße begangen haben, indem sie Atommülltransporte auf der Schiene und auf den Straßen verhindert oder verzögert haben, sich von der »Letzten Generation« distanzieren.

Einige fragen sich, ob nichts, wirklich nichts von dem ehemaligen Protest übrig geblieben ist. Andere loben den Pragmatismus und die Reife der Grünen. Ich frage mich, wo Jugendliche, die altersbedingt idealistischer, grundsätzlicher und dogmatischer ihr politisches Engagement erleben, im Bereich der Umwelt noch eine politische Partei finden, bei der sie sich zu Hause oder begleitet fühlen.

Die sehr erfolgreiche *Fridays for Future*-Bewegung scheint nach Meinung der »Letzten Generation« einige der Gesetze für eine Aufmerksamkeit maximierende Inszenierung offenbar nicht ausreichend umgesetzt zu haben. Der einzige Tabubruch – den

Schulunterricht zu schwänzen – reichte für sie wohl nicht aus.

Ein Versäumnis der Politik liegt auch in der zu geringen Reaktion auf die *Fridays for Future*-Bewegung. Zwar lobten alle demokratischen Parteien – und nicht nur in Deutschland –, wie beeindruckt sie von der Politisierung waren und auch von der Umsetzung: Es waren friedliche und harmonische Demonstrationen, in der Regel meldete die Polizei keine Zusammenstöße oder sonstige Ereignisse. Aber wirkliche politische Schübe, Veränderungen, Beschleunigungen aufgrund dieser Bewegung waren kausal kaum erkennbar.

Als die Politik schließlich versuchte, die vielen DemonstrantInnen als Beweis einer Repolitisierung einer jungen Generation zu identifizieren, und immer mehr Eltern der Kinder und Jugendlichen mitmarschierten, wurde der Versuch deutlich, diese Bewegung zu vereinnahmen.

Die radikalisierte »Letzte Generation«, die sich an den unterschiedlichsten Stellen im öffentlichen Raum festklebt und Kunstwerke beschmiert (oder höflicherweise nur die sie schützenden Panzerglasscheiben), schafft die Abgrenzung schon besser. Und doch: Auch das ist nicht wirklich neu, nicht wirklich radikaler, nicht wirklich aktivistischer, nicht wirklich überraschender als all das, was wir schon kennen.

Ein Mittel des zivilen Ungehorsams können auch Rechtsbrüche sein, die andere Menschen gefährden. Viele der AktivistInnen sind von Strafgerichten verurteilt worden. Einige zu Geldstrafen, aber auch zu

Freiheitsstrafen ohne Bewährung. In einem demokratischen Rechtsstaat kann es keinen rechtsfreien Raum geben. Auch wenn das Motiv der Taten noch so edel und nachvollziehbar ist.

Das alles sei angemerkt, ohne die absolute Notwendigkeit zu verkennen, dass wir in der Umwelt- und Klimapolitik einen viel stärkeren Handlungsbedarf anerkennen müssen. Die bewusste und fahrlässige Verschleppung und Handlungslosigkeit in diesem Bereich ist unverantwortlich gewesen. In den letzten Jahren kann man jedenfalls diese Lethargie nicht damit erklären, dass man nicht gewusst hätte, wie dringend Maßnahmen gewesen wären. Umso mehr, als man in anderen europäischen Ländern beobachten konnte, wie diese schon vor 20 Jahren ihre Klimapolitik umgestellt haben. Führt nicht das Repräsentationsprinzip unserer Demokratie dazu, dass Jugendliche und ihre Anliegen fast schon systematisch aus den Prozessen des Aushandelns und der Willensbildung ausgeschlossen werden? Wie soll es auch anders sein, wenn gerade einmal 50 unserer 735 Abgeordneten unter 30 Jahre alt sind und wenn das Durchschnittsalter aller Mitglieder der etabliertesten Parteien – CDU und SPD – bei rund 60 Jahren liegt?

Wo und wie werden junge Menschen in unserer institutionalisierten Politik tatsächlich gehört, tatsächlich einbezogen? Wo ist der »Transmissionsriemen« zwischen den sozialen Bewegungen der jungen Menschen auf der Straße, in den sozialen Medien und den etablierten Strukturen des politischen Raums in Deutschland?

Die Protestkultur einerseits und die politischen Prozesse andererseits haben sich so voneinander entkoppelt, dass es wenig verwundert, wenn Jugendliche ihre Kampagnen, Boykotte und Demonstrationen gar nicht als das wahrnehmen, was sie sind: politisches Handeln. Und wenn sie dann von der Politik nur strategisch, nur inszeniert, nur zum Schein zur Pseudo-Partizipation eingeladen werden, verlieren sie auch noch den letzten Rest ihres Vertrauens in die Politik und ihre Repräsentanten.[25]

Viele junge Menschen fühlen sich machtlos. Und doch bringen sie uns dazu – zumindest ihre Eltern, Großeltern, Lehrerinnen, Lehrer –, darüber nachzudenken, warum wir nicht sehen wollten, was schon seit Langem sichtbar und offenkundig war; warum wir nicht bereit waren zu erkennen, dass wir Umweltfragen nur lösen können, wenn wir bereit sind, zu verzichten – auf Wohlstand, persönlichen wie kollektiven.

Keine Generation vor diesen jungen Menschen ist so aktiv in Umweltfragen gewesen, hat erreicht, dass dieses Thema nicht mehr von der Tagesordnung genommen werden kann. Viele versuchen, dies auch in ihrem Alltagsleben zu verwirklichen, leben und ernähren sich vegan; machen keinen Führerschein mehr, weil sie Autofahren als umweltschädlich empfinden; vermeiden es zu fliegen; sparen Verpackungsmüll und Druckerpapier; tauschen Kleidungsstücke, statt neue zu kaufen; reparieren Fahrräder, Smartphones und Toaster; sind glaubwürdig.

Viele kleine und auch einige größere Veränderungen werden sichtbar. Doch alle wissen: Das wird nicht reichen. Letztendlich ist es immer zu wenig. Wir haben zu lange gewartet.

Hinzu kommt, dass wir den Wohlstand, unser Wachstum und unsere Bequemlichkeit fortsetzen wollen. Der Preis, den wir dafür zahlen, heißt Abhängigkeit. China, die größte, brutalste und aggressivste Regierung der Welt, die ihre eigene Bevölkerung unterdrückt, diktiert das Wachstum der kapitalistisch orientierten Länder und erst recht der Exportnation Deutschland. Und damit ihren Wohlstand.

Das lächerliche Spiel, nach Peking zu reisen, ganz leise die Menschenrechte einzuklagen und ganz laut die Geschäftsabschlüsse zu preisen, diese entsetzliche Doppelmoral, dieses schmerzliche Sowohl-als-auch werde nicht mehr fortsetzbar sein, heißt es einerseits. Andererseits wird behauptet, dass Realpolitik, pragmatische Politik unverzichtbar sei, ob im Iran oder in Saudi-Arabien. Moral und Doppelmoral sind ein Zwillingspaar. Deshalb ist es unumgänglich, Mindestmaßstäbe von moralischen Kategorien für die Zukunft festzulegen und sich auch konsequent danach zu verhalten. Nur so wird man glaubwürdig und respektiert.

Und doch hat alles dies Bundeskanzler Olaf Scholz nicht davon abgehalten, seine wirtschaftlichen Beziehungen zu China zu pflegen. Es hat Wirtschaftsminister Robert Habeck nicht davon abgehalten, neue Verträge mit einer anderen Diktatur abzuschließen, nachdem er seine Energiepolitik von Russland abgekoppelt hatte: wie zum Beispiel mit Katar.

Ist das Realpolitik? Oder Heuchelei und Doppelmoral für den Wohlstand? Berechtigte Abwägung zwischen den unterschiedlichen Interessen einer Gesellschaft, zu denen auch die Erhaltung von Arbeitsplätzen zählt? Ist es naiv, für eine Politik der Zusammenarbeit mit Staaten zu fordern, dass diese demokratisch sein müssen?

Es muss daran erinnert werden, dass dies die allerwenigsten auf dieser Welt sind. Die meisten sind autokratisch, illegale Autokratien, Diktaturen und in letzter Zeit immer mehr *failed states*.

Wenn wir etwas aus Russlands Verhalten gelernt haben sollten, dann das: Wir können unsere Zukunft nicht monopolisiert durch zwei Diktaturen und Verbrecherregime aufbauen. Doch bei allen Schwächen der globalisierten Welt muss man sensibel wahrnehmen, dass es unter ihren Gegnern, dass es bei denen, die nun auf eine Deglobalisierung hoffen, auch um die Wiederherstellung einer Weltordnung der Nationen geht. Was das bedeutet, hat uns das 20. Jahrhundert schmerzhaft und blutig gelehrt. Globalisierung bedeutete den Abbau von Grenzen. Deglobalisierung heißt Wiederaufbau von Grenzen, heißt Wiederkehr des Nationalismus.

Wer aber die Nation und den Nationalismus in den Vordergrund stellt, wer diese reaktionären Konzepte predigt, wer längst überholte, blutgetränkte historische Tatsachen aus dem Keller holt, missbraucht die Angst der Menschen, legt immer neue Brandherde, statt sie zu löschen. Nur: Lassen sich die Brandherde überhaupt noch löschen?

Die Ungleichzeitigkeit und Ungleichheit der verschiedenen Realitäten auf dieser Erde sind tatsächlich drastisch: Während wir es uns in unseren Wohlstandsgesellschaften leisten können, etwas grüner, etwas umweltbewusster zu werden, waren und sind andere Gesellschaften – China schon seit 30 Jahren, viele Länder auf dem afrikanischen Kontinent, aber auch in Süd- und Lateinamerika – gerade dabei, sich diesen Wohlstand erst zu erarbeiten, bevor sie umschalten auf »grün«. Um die für den Menschen lebenswerte Welt zu retten, müssten aber alle zur gleichen Zeit – also schon vorgestern – begonnen haben, Konsequenzen zu ziehen. Kann ein global konzertiertes Umsteuern überhaupt gelingen?

Es gelingt nur, wenn neben der globalen Handlung auch die eigene Handlung beginnt und diejenigen, die seit Langem die Verantwortung für die Verschmutzung der Welt tragen, auch mehr leisten als die Länder und Kontinente, die erst seit kurzer Zeit für die Verschmutzung mitverantwortlich sind. Trotz aller Ungleichzeitigkeiten. Ja, wir werden in den nächsten Jahrzehnten erleben, dass es Volkswirtschaften und Länder gibt, die den CO_2-Ausstoß nicht in der gleichen Geschwindigkeit reduzieren wollen wie wir – wobei angemerkt werden muss, dass die Bundesrepublik nicht wirklich beispielhaft vorangeht. Dass gegen viele Widerstände heute selbst die Wirtschaft die Notwendigkeit eines strukturellen Umbaus verstanden hat, sollte der Politik endlich Motivation genug sein, die Rahmenbedingungen noch mehr zu verdeutlichen und noch attraktiver zu gestalten.

Sollte der Umbau dennoch nicht schnell gelingen, ist dies kein Argument gegen den Klimaschutz, sondern ein Argument für ein *Erst recht*, immer wieder, noch mehr. Dass diejenigen, die es können, alles tun, was sie können – Vorreiter sein, Beispiel sein, Vorbild sein –, ist die beste Grundlage dafür, glaubwürdig andere anzuwerben, ihrem Beispiel nachzufolgen. Noch einmal: Deutschland ist kein Vorbild.

Das Argument, der Umbau der Energieversorgung könne die soziale Ungerechtigkeit verstärken, ist ernst zu nehmen. Aber soziale Gerechtigkeit des 21. Jahrhunderts bedeutet mehr als nationale Gerechtigkeit. Sie kann eigentlich nur global gedacht werden und wird es dennoch nicht.

Während wir uns seit Jahrzehnten soziale Gerechtigkeit leisten wollen und können und dabei sogar noch Luft nach oben hätten, sind in vielen Teilen der Erde fundamentale Strukturen noch nicht einmal gelegt. Hier sollten wir nicht nur aus moralischen Gründen Engagement zeigen, sondern weil es in unserem eigenen Interesse ist.

Wenn die von Kanzler Olaf Scholz proklamierte »Zeitenwende« von ihm und von uns ernst genommen würde, dürfte es keine Innenpolitik im klassischen Sinne mehr geben. »Zeitenwende« bedeutet für mich die Akzeptanz der gegenseitigen Abhängigkeiten *aller* Menschen, Gesellschaften und Staaten voneinander. Der Universalismus, wie ich ihn verstehe, bedeutet einen Verantwortungsuniversalismus, der sich weit über die Grenzen und Gesellschaften des eigenen Landes hinaus entwickelt. Wenn in der Wirtschaftspolitik genau dieser Universalismus betrieben und umgesetzt wird, warum dann nicht auch in der globalen Klimapolitik?

Armut

Schon lange sind wir uns einig, dass Reparaturen, Renovierungen nötig sind. Dabei wissen wir, dass es sich um Sanierungen handelt, die unverzichtbar sind. Oder gar um den Abriss. Wir wissen, dass der Kapitalismus kein Synonym für Gerechtigkeit ist. Haben wir nicht deshalb die Soziale Marktwirtschaft erfunden? Klingt gut, rundet die Kanten ab. Ist trotzdem Kapitalismus. Jedenfalls mehr als soziale Gerechtigkeit.

Dabei ist Deutschland kein kapitalistisches Land im Sinne von Kapitalismus *pur*. Unser Selbstverständnis, das sich im Begriff Soziale Marktwirtschaft wiederfindet, ist, dass wir kein grundsätzliches Problem damit haben, dass der Markt seine eigene Dynamik entfaltet, wir aber dennoch wollen, dass er gleichberechtigt die soziale Perspektive einbezieht.

Unser Verständnis einer gerechten Gesellschaft ist nicht, dass alle gleichermaßen am Gewinn, an der Prosperität partizipieren, sondern dass es einen immer wieder zu verhandelnden und nachvollziehbaren Unterschied geben muss. Deswegen verdienen nicht alle unabhängig von ihrer Arbeitsleistung und Verantwortungsebene das Gleiche, sondern je nach Ausbildung und Leistung unterschiedlich.

Alle sollen aber auch so viel verdienen, dass sie davon leben können: Hungerlöhne sollte es nicht geben (obwohl sie in der Realität durchaus Alltag waren und sind). Ausbeutung von ArbeitnehmerInnen sollte ausgeschlossen sein (obwohl viele Menschen deutlich unter der Armutsgrenze verdienten und verdienen). Es hat Jahrzehnte gedauert, bis sich die Politik auf einen Mindestlohn einigen konnte, der, wenn man es ernst nimmt, für ein Leben in Würde immer noch zu niedrig ist. Millionen ArbeiterInnen können von ihrer Arbeit nicht leben. Millionen RentnerInnen können von ihrer Rente nicht leben. Millionen Menschen sind auf soziale Unterstützung angewiesen.

In Deutschland müssen Hunderttausende, ja Millionen von Menschen auf die in der Mittelschicht übliche wöchentliche Pizzabestellung, auf die größere Wohnung, auf Winterkleidung für die Kinder verzichten, um gerade so die Miete, das Essen zu zahlen. Oft reicht es nicht einmal dafür. Derzeit stehen mehr als zwei Millionen Menschen Schlange bei der Tafel. So viele wie nie zuvor warten auf Portionen, die immer kleiner werden.[26] Wohnraum wird für viele Menschen unbezahlbar. Natürlich ist auch der Kapitalismus und die Gier von Immobilienspekulanten, Maklern und Banken dafür verantwortlich.

Aber die wirklich Verantwortlichen sind PolitikerInnen, die seit Jahrzehnten nicht nur die sich in öffentlicher Hand befindlichen Gebäude für Kleingeld verkauft, sondern den sozialen Wohnungsbau, aber auch die Förderung für Mieter mit mittleren Einkommen schändlich vernachlässigt haben.

Deutschland ist kein Schlaraffenland für alle, war es nie. Wer sein Kind, seine Kinder allein erzieht, ist mit hoher Wahrscheinlichkeit ärmer. Jede zehnte Familie mit ein oder zwei Kindern ist arm, bei drei Kindern ist es jede dritte.[27]

In nicht wenigen Familien ist Verwahrlosung Alltag. Familiäre Gewalt ist Alltag in Deutschland: Gut 4000 Kinder und Jugendliche mussten allein im Jahr 2021 wegen psychischer Misshandlungen in Obhut genommen werden, 6000 wegen körperlicher Misshandlungen, 6500 wegen Vernachlässigung, mehr als 17 000, weil Eltern überfordert waren.[28]

Auch unter den Älteren gibt es eine zunehmende, aber zumeist nicht gesehene Zahl von Abgehängten. So hat sich die Zahl der Arbeitslosen, die älter als 60 Jahre sind, seit 2009 mehr als verdoppelt, von rund 92 000 auf 218 000.[29] Und es geht weiter: Links liegen gelassen werden auch Menschen ohne deutschen Pass. Schon 2008 waren sie doppelt so oft, im Jahr 2020 dreimal häufiger arbeitslos als Menschen mit deutscher Staatsangehörigkeit.[30] Und wir jammern über Fachkräftemangel?

Auch hier ist festzuhalten: Das Thema ist nicht neu. Der demografische Wandel hat nicht erst jetzt begonnen. Dass die Gesellschaft in Deutschland immer älter wird, ist die eine Perspektive. Das wahre Problem aber ist, dass es zu wenig junge Menschen gibt. Wer soll die alten perspektivisch pflegen, ihnen ein menschenwürdiges Leben ermöglichen?

Gleichzeitig muss sich die junge Generation ernsthaft fragen, ob der Begriff »Rente« in ihrem Leben je Realität werden wird. Das ist gesellschaftspolitischer Sprengstoff. Die Lösung, dieses Defizit durch Einwanderung zu kompensieren, ist immer noch nicht mehrheits- und gesellschaftsfähig. Wäre ich jung, würde ich fragen: Geht's noch? Ist die Angst vor dem anderen, vor dem Fremden immer noch so groß? Ist es uns lieber, als alte Gesellschaft nicht nur in Deutschland, sondern auch in Frankreich und anderen Ländern handlungsunfähig zu werden, als Menschen aus anderen Ländern zu vertrauen, dass wir gemeinsam eine lebensfähige Gesellschaft aufbauen werden?

Unser Medizinsystem ist marode und so nicht zukunftsfähig. Spätestens seit Covid wissen wir: Es gibt zu wenig Personal in den Krankenhäusern, vor allem zu wenig PflegerInnen. Der Beruf ist schlecht bezahlt, die Arbeit physisch und psychisch überfordernd. Und schon lange erleben PatientInnen eine weitere Ungerechtigkeit des Systems: die Drei-Klassen-Medizin.

Sie besteht aus gesetzlich Versicherten, privat Versicherten und »Selbstzahlern«, die – entgegen den redundanten Beteuerungen der Ärzte – eben nicht gleich und damit nicht gerecht behandelt werden. Erst kürzlich zeigte eine Studie des RWI – Leibniz-Institut für Wirtschaftsforschung – und der Cornell University mit einem Feldexperiment unter 1000 Facharztpraxen in ganz Deutschland, dass Privatversicherte signifikant häufiger ein Terminangebot bekamen als gesetzlich Versicherte. Und dass jene, falls sie überhaupt einen Termin bekamen, mehr als doppelt so lange darauf warten mussten wie Privatpatienten.[31]

Die die Gesellschaft am tiefsten treffende strukturelle Ungerechtigkeit liegt im Bildungssystem. Anders als immer wieder erzählt, ist aus der Perspektive der Kinder festzustellen: Wer in einem sozial schwachen Wohnbezirk lebt, hat in der Regel schlechtere Bildungschancen. Kinder aus zerrütteten Familien, aus ärmeren Familien, aus bildungsfernen Familien – ganz gleich ob mit »Migrationshintergrund« oder »herkunftsdeutsch« – haben schlechtere Bildungschancen. Kinder aus bürgerlichen, aus wohlhabenden Familien haben bessere Bildungschancen, bessere Bildungserfolge und viel mehr Erfolg im Berufsleben.

Der Soziologe Michael Hartmann hat die Inhaber der 1000 wichtigsten Machtpositionen in Deutschland unter die Lupe genommen. Er stellte fest, dass zwei Drittel der Elite aus den oberen vier Prozent der Bevölkerung stammten. Aus den oberen fünf Promille kamen sogar doppelt so viele wie aus den unteren 50 Prozent.[32] Was sich seither geändert hat? Kaum etwas.

Dieses strukturelle Thema, dass die Herkunft eines Kindes immer noch weitgehend über seine Bildungsbiografie und damit über seine gesamte Lebensbiografie bestimmt, ist unerträglich. Es ist die größte soziale Ungerechtigkeit von allen. Je mehr Einkommen, je mehr Bildung die Eltern haben, desto mehr nutzen sie diesen Vorteil aus, um ihren Kindern den Vorteil der Bildung und damit eines lebenslangen Einkommens in gut bezahlten Berufen zu gewährleisten.

Wie sonst lässt sich der Boom der Privatschulen erklären, die eine bessere Betreuung der Schülerinnen und Schüler versprechen, weniger Unterrichtsausfall und funktionierende Schultoiletten? Im Schuljahr 2020/2021 gab es 5855 allgemeinbildende und berufliche Privatschulen in Deutschland, das sind 81 Prozent mehr als im Schuljahr 1992/1993. Selbst im Zeitraum zwischen der Jahrtausendwende und 2020, als wegen zurückgehender Geburtenraten jede fünfte Schule geschlossen wurde, wuchs die Zahl der privaten um 44 Prozent.[33]

Bei vielen derjenigen, die sich das nicht leisten können, sieht es finster aus. Laut Bertelsmann Stiftung hat jeder siebte Jugendliche auch Jahre nach der Schule noch keinen Ausbildungsplatz. Bei 100 000 Jugendlichen besteht das Risiko, dass sie niemals einen Berufsabschluss erreichen werden.[34] Fast jeder zehnte junge Mensch zwischen 18 und 24 absolviert keine Ausbildung und hat auch keine Arbeit.[35] Hier, in Deutschland.

Deutschlands Bildungsmisere ist hausgemacht, und sie schadet nicht nur den »Abgehängten«, sondern allen. Ludger Wößmann, Leiter des ifo Zentrums für Bildungsökonomik, rechnet vor: Verbessern sich die Leistungen der Schülerinnen und Schüler um 25 PISA-Punkte, wächst die deutsche Wirtschaftskraft langfristig um 7,3 Prozent. Konkret: »Das sind rund 14 Billionen Euro für den Rest des Jahrhunderts.«[36]

Das Versagen des Sozial- und Wohlfahrtsstaats lässt sich also klar beziffern. Es ist teuer. Und es macht denen, die auf staatliche Leistungen angewiesen sind, zu Recht Angst. »*The only thing we have to fear is fear itself*«, hatte US-Präsident Franklin Delano Roosevelt in seiner Inaugurationsrede am 4. März 1933 gesagt. Das Einzige, was wir zu fürchten hätten, sei die Furcht selbst.[37] »Man kann die Entwicklung des Wohlfahrtsstaats in der zweiten Hälfte des 20. Jahrhunderts als Antwort auf Roosevelts Aufforderung begreifen«, schreibt Heinz Bude in seinem Buch *Gesellschaft der Angst.*

»Die Beseitigung der Angst vor Arbeitsunfähigkeit, Arbeitslosigkeit und Altersarmut soll den Hintergrund für eine selbstbewusste Bürgerschaft auch und gerade der abhängig Beschäftigten bilden, damit sie sich in Freiheit selbst organisieren, um ihren Interessen Ausdruck zu verschaffen, damit sie sich die Freiheit nehmen, ihr Leben nach selbst gewählten Prinzipien und Präferenzen zu führen, und damit sie im Zweifelsfall im Bewusstsein ihrer Freiheit den Mächtigen die Stirn bieten.«[38]

Der Staat nimmt mit seinen Strukturen, seinen Institutionen, seinen Sicherungssystemen den Einzelnen die Angst, *damit sie sich für ihre Freiheit einsetzen können.* So das Versprechen des Wohlfahrtstaats – das heute für diejenigen, die auf die staatlichen Systeme angewiesen sind, nicht mehr viel wert ist. Und das den Wohlhabenden gleichgültig ist, die sich ohnehin auf den eigenen Wohlstand verlassen.

Der kontinuierliche Umbau führte zu einer Erosion der öffentlichen Strukturen und Systeme, etwa zu Pflegenotstand, Bildungsmisere, Altersarmut, zu einer zunehmend größeren Ansammlung privater Verantwortung und einer wachsenden Zahl von Abläufen, die (beim besten Willen auf allen Ebenen) kaum oder schlecht funktionieren, weil technische Lösungen zwar versprochen, aber nicht umgesetzt werden: Gesundheitsämter faxen Papier, Bahnen fahren nicht, überzählige Nahrungsmittel wandern statt zu den Tafeln in den Container.

Immer mehr Menschen können in Deutschland, selbst wenn sie ganztags arbeiten, von ihrem Arbeitslohn nicht leben, können ihre Miete nicht mehr bezahlen. Der Mindestlohn – eine soziale Errungenschaft – reicht nicht. Wissen alle; ist zwar wichtig, aber trotzdem eine Platzpatrone: viel Knall, wenig Effekt. Ein Fünftel der Bevölkerung in Deutschland hatte 2021 ein Nettoeinkommen von 16 300 Euro im Jahr.[39] Wenn dann auch noch die Inflation ins Spiel kommt, also die Kaufkraft schwindet, und die Energiekosten explodieren, sind die allerletzten Reserven schnell aufgebraucht.

Jeder der fünf Millionen Menschen, die auf staatliche Grundsicherung angewiesen sind, jeder der mehr als 400 000 Obdachlosen weiß, was es konkret heißt, wenn die Kasse leer ist und der Monat lang.[40] Diejenigen, die Monat für Monat genug Geld haben, kennen lediglich das schwammige Gefühl, Not zu leiden. Sie kennen eine sachte Unruhe beim Blick auf die Preistafeln für Benzin und Urlaubsflüge. Sie kennen eine diffuse Angst vor Verarmung, die sich ins Irrationale steigern kann. Doch die nackte, die brutale Angst vor Hunger, Kälte, Dunkelheit? Kennen sie nicht.

Wenn Geld immer da ist, entsteht eine Selbstverständlichkeit des Konsumierens. Konsum fördert Wachstum. Wachstum ermöglicht mehr Konsum. Mehr Konsum senkt die Reizschwelle und auch die Erregungsschwelle. Konsum macht uns nicht mehr glücklich. Schuld sind die Gewohnheiten des Wohlstands.

Was ist Wohlstand? Reichtum ist damit nicht allein gemeint, vielmehr geht es um Lebensstandard und persönliches Wohlbefinden, gemessen an einem Wohlfühl-Einkommen, das viele heute (noch?) als selbstverständlich empfinden. Das Bewusstsein von der Besonderheit des Geldes und seiner Verfügbarkeit jedenfalls ist bei vielen nicht mehr vorhanden.

Ist das der Grund für die schrumpfende Empathie gegenüber den Menschen, die wesentlich weniger verdienen? Gegenüber den Menschen, die von Armut betroffen sind? Ist das der Grund für das schwindende Verständnis davon, wie die eigene Leistung mit dem eigenen Einkommen zusammenhängt, was »Verdienst« im Wortsinne bedeutet? Und dass es nicht erklärbar ist und nicht erklärbar bleibt, dass Menschen Einkommen in zweistelligen Millionenbeträgen haben, während andere, die auch engagiert und schwer arbeiten, sich mit 36 000 Euro im Jahr abfinden müssen?

Ich will mit diesem plakativen Beispiel keine Neiddebatte befeuern. Trotzdem bleibt es schwer erklärbar, dass CEOs von Dax-Unternehmen selbst unter Berücksichtigung ihrer Verantwortung für 10 000 und 100 000 ArbeitnehmerInnen nicht nur so unendlich viel verdienen, sondern auch Abfindungen und Ren-

tenregelungen vereinbaren, die von normal arbeiten-
den Menschen in ihrem ganzen Leben durch Arbeit
nicht verdient werden können.

Am wenigsten erklärbar ist aber, dass das System
die Gratifikationen ausbezahlt, selbst wenn die Manager ihre Unternehmen in Schieflage gewirtschaftet
haben. Wie soll man dann Tausenden ArbeitnehmerInnen erklären, dass sie arbeitslos werden, während
der verantwortliche Manager einen goldenen Hand-
schlag bekommt?

Es ist also verständlich, wenn sie fassungslos sind
angesichts der Millionen- und Milliardenvermögen
weniger Einzelner, die zur richtigen Zeit am richtigen
Ort saßen, um von den richtigen Seilschaften zu profitieren. Oder geerbt haben. Es ist wenig erstaunlich,
wenn das Unbehagen angesichts des eigenen, ver-
gleichsweise übersichtlichen Bankkontos umschlägt
in Wut.[41]

Es braucht Rationalität. Nüchternheit. Kalkulation.
Es braucht ein Mehr an ökonomischer Kompetenz;
an verantwortlichem Umgang mit Geld; an Verantwortung für die ohne Geld. Denn das Prinzip Eigenverantwortung stößt an Grenzen dort, wo es kaum
eigene Mittel gibt, die zu verantworten sind. Und
ja, es braucht immer noch eine Debatte über soziale
Gerechtigkeit.

Diese eigenen Mittel werden für die Masse der
Menschen weltweit immer weniger. Zwar hatten fast
alle globalen Armutsberichte im vergangenen Jahrzehnt eine (mehr oder weniger deutliche) Reduzierung
der Armut ausgewiesen.[42] Die Zahl der unterernährten

Menschen war seit den 1990er-Jahren von mehr als einer Milliarde Menschen auf rund 640 Millionen im Jahr 2020 gesunken.[43] In den vergangenen 65 Jahren hatte sich sogar die weltweite Alphabetisierungsrate alle fünf Jahre um vier Prozent verbessert: 42 Prozent im Jahr 1960,[44] 86 Prozent im Jahr 2015.[45]

Diese positive Entwicklung ist unterbrochen. Die seit 2019 grassierende Corona-Pandemie hat in vielen Ländern der Welt einen historisch beispiellosen Einbruch der Wirtschaftsentwicklung ausgelöst.[46] Millionen Menschen, vor allem Kinder und Jugendliche, werden eine lebenslange Narbe der nicht gelebten Möglichkeiten in sich tragen. Die körperlichen und vor allem seelischen Schäden können noch gar nicht evaluiert werden. Nach Schätzungen von UNICEF erleben drei von vier Kindern zwischen zwei und vier Jahren Gewalt. Weltweit. Durch Erziehende oder durch ihre eigenen Eltern.[47]

Unterdessen wächst auch der Hunger weiter, weltweit. Die Armut ebenfalls, auch in Deutschland.[48] Rund 8,6 Millionen Menschen in Deutschland lebten 2021 in überbelegten Wohnungen – also gut jeder zehnte. Jeder fünfte ist von Armut bedroht.[49] In Hessen droht jedem vierten Kind und jedem vierten jungen Erwachsenen ein Leben in Armut.[50] Pandemiebedingt hat sich die Zahl der Schulabbrecher verdoppelt – ganz überwiegend sind Kinder aus armen Familien betroffen.[51] In Deutschland leben 7,5 Millionen funktionale Analphabeten.[52] Das heißt: 12,1 Prozent der erwerbsfähigen Bevölkerung können nicht sicher lesen und schreiben. 20,5 Prozent der Erwachsenen sind nicht in der Lage, selbst gebräuchliche Wörter richtig zu schreiben.[53]

Jeder hat in Deutschland die gleichen Chancen – klingt gut, ist aber nicht so. Immer noch spielt die Herkunft und damit die formale Bildungsmöglichkeit eine Rolle. Wie so viele Kindergenerationen vor ihnen, zahlen diejenigen Kinder, die aufgrund ihrer Familienverhältnisse nicht dieselben Start- und Entwicklungschancen hatten wie der Großteil der Gesellschaft, ihr Leben lang einen furchtbaren Preis. Diejenigen, denen es besser, gut oder sehr gut geht, wissen von alldem. Sie sind zwar bereit, über Sozialtransfers die Ungerechtigkeit zu lindern und ihr Gewissen zu erleichtern. Aber wirklich Türen öffnen? Die eigenen? Die Sicherheit der eigenen schönen heilen Welt verlassen? Andere in sie hineinlassen?

Privilegierte Eltern wissen, dass es letztendlich um Arbeitsplätze geht. Um Macht. Sie haben nicht wirklich Interesse daran, dass eines Tages *alle* Kinder auf diesem Markt wirksam werden. So wird ein System verfestigt, in dem zwar alle behaupten können, alle Kinder hätten alle Möglichkeiten, doch nur den wenigsten wirklich Türen offen stehen.

Die Angst greift um sich, trifft alle. Nur ihre Überwindung schafft Spielraum. Menschen müssen mitgenommen werden – sowohl in der wirtschaftlichen Veränderung der Welt als auch der Globalisierung. Solidarität ist bei all diesen Fragen unverzichtbar, Empathie auch. Es wäre arrogant und überheblich, den Menschen, die Angst vor der Zukunft haben, zuzurufen: »Das ist doch euer Problem!«

Eine demokratische Gesellschaft, die sich mehr und mehr von der sozialen Gerechtigkeit entfernt, ist zukunftslos.

III

Schlafmittel

Was wir tun, um nichts tun zu müssen

Gebratene Tauben

Arbeiten? Muss niemand. Zahlen? Nicht notwendig. Milch und Honig fließen frei, gebratene Tauben fliegen den Menschen direkt in den geöffneten Mund, Kleidung wächst auf Bäumen. So sieht die mittelalterliche Idee des »Schlaraffenlands« aus. Ursprünglich nährte sie sich aus einer Hungerfantasie der Armen. In ganz Europa. Von ähnlichen Wunschlandschaften erzählte man sich in den Niederlanden (*Luy lecker landt*), in England (*Lubberland*), in Italien (*Cucagna*) und Frankreich (*Coquaigne*).[1]

Im Schlaraffenland leben faule Müßiggänger (»Schluris«), die es sich gut gehen lassen, die man aber auch verlacht (»Affen«). So entsteht die Wortverbindung »Schluraff« und daraus wiederum das Kunstwort »Schlaraffenland«.[2]

Es ist ein Land der Wünsche und ein Schlemmerparadies, ein Land der ewigen Jugend und der »Gleichheit im Überfluß«,[3] es ist ein Land der Feste und der Reisen, und es ist ein Märchenland. Es ist eine Projektionsfläche des ausgehenden Mittelalters, auf der sich Bauern als Adelige fantasieren und auf der der immer einflussreicher werdende Stand der Bürger seinen Ressentiments sowohl gegen den Typus des faulen Bauern als auch gegen den des schmarotzenden Adeligen freien Lauf lässt. »*Schluraffen narren* sind es jetzt, die schon auf Erden selig sein wollen.«[4]

Und Johann Wolfgang von Goethe insistiert mit seinen *Drei stichhaltigen Einwänden gegen das Schlaraffenland*, dass die Welt eben nicht »aus Brei und Mus geschaffen« sei: »Harte Bissen gibt es zu kauen: Wir müssen erwürgen oder sie verdauen.«[5]

Das bäuerliche Wunschland mit Konsum im Überfluss, mit Totalversorgung für alle, mit Service ohne Rechnung, mit Bauchentscheidung statt Kopfzerbrechen gerät in Konflikt mit dem bürgerlichen Selbstverständnis, in dem Arbeit alles ist und ohne Arbeit alles verwerflich.

Deshalb erfährt das Schlaraffenland in Geschichten, Illustrationen und Predigten eine Umwertung: vom Märchenland zur Drohkulisse, vom Land der fröhlichen Faulenzer zur Schaubühne der schlimmsten Sünder. Ein Topos, den die Kirche gern aufgreift: Dekadenz oder Sodom und Gomorra.

Wer nicht mitmacht, wer nicht gehorcht, wer fragt, wer zweifelt, wer den Glauben verlässt, wer der Institution nicht folgt, wird lebenslang begleitet von der Drohung der Hölle. Das einzige Ziel dieser Ortsbestimmung ist, den Menschen Angst zu machen, sie zu domestizieren, sie zu degradieren, ihre persönliche Freiheit zu beschränken, ihre Bedürfnisse zu unterdrücken.

Die Hoffnung der religiösen Machthaber dieser Zeit: dass aus Angst vor der Hölle Gehorsam entsteht.

Todesangst als Arbeitsmotivation. Die Hoffnung der Glaubenden: ewiges Leben im Paradies. Jenseits. Das Paradies kann durchaus als eine Variante des Schlaraffenlands gelesen werden. Jenseits. Der Preis dafür: diesseits.

Und heute? Sind diejenigen, die uns Hoffnung versprechen – in der Politik, der Wirtschaft, der Wissenschaft, den Medien, der Werbung – Betrüger? Manipulieren sie, indem sie das gute Gefühl vermitteln, es könne ein gutes Leben geben ohne Angst? Indem sie Schlaraffenländer versprechen? Und selbst nicht daran glauben? Oder jedenfalls nicht so sehr, wie sie es ihrem Publikum verkaufen?

Indem sie uns vermitteln, dass es ein Schlaraffenland ohne Verantwortung geben könnte? Kann Verantwortungsübernahme eine Dienstleistung werden? Wird aus der Selbstverantwortung eine Ware?

Auch und gerade die Politik lebt mit und von der Hoffnung. Sie könnte die Ängste der Menschen aufgreifen und sie in einen rationalen Diskurs übersetzen, um argumentative Konzepte und Lösungen zu finden, und diese in Realität konfigurieren. Sie sollte sogar. Sie handelt aber zu oft anders. Aus Angst, Wahlstimmen zu verlieren. Sie wird taktisch statt inhaltlich. Sie will im Schlaraffenland bleiben, statt vertrieben zu werden.

Im Jahr 2022, in dem es zu einer Akkumulation und Potenzierung der Krisen kam – Pandemie, Krieg, Flüchtende, Inflation, eine wirtschaftliche Destabilisierung wie seit Jahrzehnten nicht mehr –, wagen es PolitikerInnen erstmals zu erklären, dass es zu einem

Verzicht für die nächsten Jahre kaum Alternativen geben wird.

Es handelt sich um eine Polykrisensituation, wie sie unsere Gesellschaft seit Jahrzehnten nicht mehr erlebt hat; die die meisten Menschen, die hier seit Langem leben, in mindestens zwei Generationen persönlich nicht nur nicht erlebt haben, sondern auch nicht antizipieren konnten. Ihnen wagen PolitikerInnen erstmals zu erklären, dass sie »auf Sicht fahren«, dass *trial and error* nicht zu vermeiden ist, dass »wir uns viel zu verzeihen haben werden.«[6]

Nun muss man sich fragen, ob man die Kategorie des Verzeihens in Bezug auf Fehler, die aus Entscheidungsschwächen entstehen, anwenden kann. War wirklich nicht mehr möglich? Wurde die Energie zu sehr auf politisches Handeln, Verhandeln, Machtstrukturen verwendet? Waren die Kompromisse argumentativ maximal unterlegt, standen also Argumente und Begründungen im Vordergrund oder doch nur die Fragen: Wie gefalle ich am ehesten der wählenden Bevölkerung, und wie schaffe ich es, die Handlungsfähigkeit des Staates zu beweisen und aufrechtzuerhalten?

Das alles sind legitime Vorgänge, und trotzdem wird man die Krisenpraxis, neben allen Aspekten des Emotionalen, des Verzeihens, in einigen Jahren sehr kritisch analysieren müssen. Die rationale Beschäftigung mit dieser Zeit ist deshalb so wichtig, weil die Krisenakkumulationen in den nächsten Jahrzehnten eher häufiger stattfinden werden. Die kurzen Unterbrechungen in Post-Krisen-Phasen müssen dazu genutzt werden, aufzuarbeiten, zu reflektieren, was man aus dem Gelernten mitnehmen kann, und sich vorzubereiten auf das, was als Nächstes kommt.

Dazu gehört unter anderem auch, über die Frage nachzudenken, warum wir zum Beispiel über das Thema Verzicht so lange *nicht* diskutiert haben und erst in der Gegenwart die Bedeutung des Verzichtens erkennen. Verzicht war in den letzten Jahrzehnten für die meisten Menschen in reichen Ländern nicht einmal ein Unwort, sondern in der Regel eine kaum existenzielle Erfahrung.

Wenn dieser Begriff überhaupt eine Rolle spielte, dann auf einem immer höheren Einkommens- und Lebensniveau. Die meisten Menschen meiner Generation saßen schon kurz nach Beginn ihres Berufslebens an einer Position, auf der sie sich nicht ernsthaft über Verzicht hätten beklagen können – das wäre zynisch gewesen. Dass wir heute überhaupt über Verzichten nachdenken, ist ein Paradigmenwechsel. Ich greife das Thema später in einem eigenen Kapitel wieder auf.

Und doch scheint es immer noch so, als würden die bitteren Wahrheiten in Portionen verpackt und in einer Argumentation und Sprache vermittelt, die mündige BürgerInnen zu Wesen macht, denen man die ganze harte Wahrheit nicht zumuten kann.

Auf der einen Seite beanspruchen wir, dass uns die Eliten mit den Tatsachen, den Realitäten und den Konsequenzen konfrontieren. Auf der anderen Seite möchten wir, wenn diese uns zu welchem Verzicht auch immer führen würden, davon eigentlich nichts hören. Umso mehr, wenn es sich um unseren persönlichen Verzicht handelt, umso mehr, wenn an unsere Eigenverantwortung appelliert wird – wenn wir längere Übergangszeiten überbrücken müssten, in denen nicht Milch und Honig aus unseren Vorratskammern quillt.

Unsere Vorstellung vom »guten Leben« hat sich in den letzten Jahren auf das materiell gute Leben konzentriert. Dabei ist das Bewusstsein von der Notwendigkeit von Werten und die permanente Auseinandersetzung mit ihnen in den Hintergrund geraten. Dabei ist auch die Bedeutung der Kontrolle und Selbstkontrolle aller Elitenfunktionen zurückgegangen.

Sehr ernst muss man die Frage stellen, ob ein Teil der Eliten versagt hat. Nicht alle Beteiligten, aber viel zu viele sind ihrer Verantwortung nicht gerecht geworden. Sie haben sich gegenseitig gestützt, unterstützt, gefördert, befördert, mit jedem Jahrzehnt wurden mehr Elitefunktionen mit Mittelmaß besetzt. Darunter verstehe ich Menschen, die dem Streit ausweichen, die dem faulen Kompromiss zuneigen – die das Orchestrieren des Konsenses mit dem Preis der Konfliktvermeidung bezahlen und damit nie die beste, sondern immer höchstens die drittbeste Lösung erzielen. Und auch Menschen, die aufgrund ihrer Bildung, Ausbildung und sozialen Kompetenz der *job description* eigentlich nicht entsprechen.

So funktionierte die Deutschland AG. Sie war nichts anderes als eine Übereinkunft mehrerer Dutzend (vorwiegend) Männer, die sich gegenseitig, ohne besondere Anstrengung, in den Top-Funktionen der Wirtschaft hin und her schoben. Besonders ineffizient waren sie immer dann, wenn sie sich über die Grenzen zwischen Exekutiv- und Aufsichtsfunktionen hinweg verständigten. Nicht nur in der Wirtschaft entstand dadurch eine Elite der Mittelmäßigkeit, in der immer weniger Anstrengung die Voraussetzung für eine weitere Karriere wurde.

Diese Mittelmäßigen verstopften über Jahre konsequent den Zugang in die Elitefunktionen. So blieben die Überdurchschnittlichen draußen. Und die Mittelmäßigkeit wurde nicht diskutiert – auch nicht, wenn durch sie sehr viel Geld verbrannt wurde; auch nicht, wenn sehr hohe Boni flossen; auch nicht, wenn die immer gleichen Namen auf den immer gleichen Posten kursierten.

In Deutschland ist der Begriff der Elite negativ besetzt. Diese historische Bezugnahme hat im Schlaraffenland der 1980er- und 1990er-Jahre vielen genützt, die auch ohne optimale Ausbildung und Leistungsfähigkeit Elitefunktionen in vielen Bereichen anstrebten – und erreichten. *Fake it, till you make it.*[7]

Seit den 2000er-Jahren, den »goldenen Jahren«, in denen die Gesellschaft nur noch von Geld und noch mehr Geld sprach und sich alles mehr oder weniger, jedenfalls bei den Eliten, um Geld und Konsum drehte, wurden die Mindestanforderungen an »High Potentials« noch einmal gesenkt. Die modernen Raubritter, die sich »New Economy« und später »Start-up« auf die Fahnen schrieben, inszenierten sich als Helden, Vorbilder, Zukunft.

Dann platzte die Dotcom-Blase. 2008 dann die Finanz-Bubble, die die Welt in eine Wirtschaftskrise stürzte und uns daran erinnerte, dass nicht weniger, sondern mehr Leistung, mehr Weitsicht, mehr – ja: Pflicht-Ethik die Voraussetzung sein müssten, um auf allen Ebenen Verantwortungspositionen ausfüllen zu können. Dies gilt auch für die Politik.

»Hoffen und Harren macht manchen zum Narren«, schreibt Ovid.[8] Im Schlaraffenland hat der Narr Hochkonjunktur. Über Jahrhunderte halten die Narren den Schlaraffenländlern den Spiegel vor, um ihrem Publikum das verzerrte Selbstbewusstsein und Selbstverständnis des Narrenlandbürgers zu zeigen; um klarzustellen, dass das Schlaraffenland auf Heuchelei und Doppelmoral, auf Lüge und Selbstlüge gründet, dass es auf schwankendem Boden wankt, dass es auf Bequemlichkeit und Egoismus gebaut ist.

Der Narr muss sich – damals wie heute – bewusst sein, dass sein Leben gefährdet ist. Die Akzeptanz seiner Rolle ist so schwankend wie der Boden der Schlaraffenlandbürger. Und doch: Ohne die Frechheit des Narren, ohne die Ventilsitte[9] des Karnevals, ohne den Trost des Alkohols, ohne die Scheinsicherheit der Peergroup scheint Leben unmöglich zu sein.

Um das Jahr 1500 kursierte rund um Straßburg ein Predigtzyklus um Sebastian Brants *Narrenschiff* (1494), auch *Schluraffenschiff* genannt. Katherine Anne Porter griff im Jahr 1962 auf diesen Stoff zurück und veröffentlichte einen gleichnamigen Roman.

Ich wünschte mir mehr Narren in unserer Gegenwart. Sehr viel mehr Narren. Ironie und Selbstironie sind unverzichtbare Überdruckventile. Je größer die verdrängte Not, je schlechter das beiseitegeschobene

Gewissen, je riskanter der Tanz auf dem Vulkan, je größenwahnsinniger eine Idee, desto wichtiger ist auch ihre Rolle.

Wenn wir mit der Erkenntnis leben, dass, wie viel auch immer nachgedacht wird, der Mensch ein emotionales Naturwesen ist, können wir feststellen, dass sich Impulskontrolle (was nicht zu verwechseln ist mit Kontrollzwang), Zivilisierungsprozesse und gesellschaftlich vereinbarte Regeln diesem Chaosgedanken entgegenstellen und dass die permanente Übung entsprechender Aktions- und Reaktionsmodelle einen Lerneffekt ausgelöst hat, der Mord und Totschlag, gesellschaftspolitischem Hass und Gleichgültigkeit einiges entgegensetzt hat.

Eine Gesellschaft muss sich allerdings darauf einigen, dass sie genau das will und kollektiv umsetzt. Auch hier poppt die Bildungsfrage wieder auf. Wenn die informelle Bildung in den Familien dies nicht ausreichend erarbeitet – und wir wissen, dass das in vielen Fällen so ist, nicht nur bei armutsbetroffenen Migranten und Herkunftsdeutschen –, muss erst recht die formelle Bildung emotionale Intelligenz und gesellschaftspolitische Kompetenz in Schulen und Kitas vermitteln. Sie tut es nicht. Sie tut nur so.

Zu jeder historischen Zeit haben Menschen ihre Schlaraffenländer konstruiert. Vielleicht kann man dies wohlwollend übersetzen mit »Schutzräume«. Geschützte Räume. Wie können wir uns wirklich einbilden, dass eine Wohnungseingangstür uns davor schützt, dass Ungewünschtes in unser kleines privates Schlaraffenland eindringt? Oder gar eine Grenze?

Oder, wie es jetzt die Europäische Union anstrebt, Zäune, die Flüchtende aufhalten sollen, in unsere Länder zu kommen?

Nur: Wie können wir überhaupt so naiv sein zu glauben, dass es begrenzte Räume gibt, in denen die Welt, wie sie ist, mit all ihren Facetten, ausgeschlossen werden kann? Nationale Grenzen? Lächerlich. Umso mehr in einem digitalen Jahrhundert, in dem nicht einmal mehr die physische Notwendigkeit besteht, in das Leben anderer hineinzukriechen.

Zur Utopie des Schlaraffenlands gehört eine Mauer, manchmal ein Wall aus Brei. Das Schlaraffenland braucht die Vorstellung, dass drinnen, abgeschirmt von der Öffentlichkeit, Dinge möglich sind, die sich für diejenigen, die nicht den Schlüssel zum Schlaraffenland haben, nicht einmal im Traum denken lassen. Und dass niemand, der nicht dazugehört, weil er keinen Schlüssel hat, je eindringen kann. Vor allem nicht die anderen, die Fremden. Die? Auf keinen Fall!

Die realen Schlaraffenländer unserer Zeit verorten wir zwischen Jachten, Privatflugzeugen und Luxusvillen. Wir stellen uns vor, dass, wenn Menschen so viel Geld haben, dass Geld keine Rolle mehr spielt, alles möglich ist. Aber auch Menschen der Mittelschicht, die auf wenig verzichten müssen, haben ihre Schlaraffenländer geschaffen, ihre Peergroups, ihre Filterblasen. Auch sie glauben, dass sie nicht bedroht werden können von der Notwendigkeit, zu verzichten.

Die Segmentierung der Gesellschaft und ihre geringer gewordene Durchlässigkeit ist nicht nur ein sozialpolitisches, sondern ein ethisches Problem. Ob in unseren eigenen Köpfen, auf unserem kleinen Grundstück oder an den Grenzen unserer Staaten, die Öffnung ist nicht nur historisch immer die bessere Alternative gewesen. Wirtschaftliche, intellektuelle und kulturelle Progression entsteht immer dort, wo Länder bereit sind, Vielfalt zuzulassen.

Für Deutschland ist es im dringlichsten Interesse, den demografischen Wandel abzufedern, den Fachkräftemangel aufzufangen, indem man Menschen von außen aufnimmt. Dass so viele Ukrainerinnen und Ukrainer nach Deutschland geflohen sind und nun in Deutschland sozialversicherungspflichtig arbeiten, hat den Arbeitsmarkt schon jetzt mit fast 100 000 Menschen bereichert.[10]

Vielfalt fällt Deutschland schwer. In Wirtschaft und Politik sind nicht nur Frauen immer noch nicht entsprechend ihrem Bevölkerungsanteil repräsentiert, sondern ebenso wenig die multikulturellen Realitäten dieses Landes. Das beweist das immer noch wirkende und wirksame Mauern derjenigen – es sind meist Männer –, die an der Macht sind. Die von ihnen zu hörenden Erklärungen, man suche nach Vielfalt, aber finde sie nicht, sind nicht nur absurd, sondern eine Beleidigung des Menschverstandes.

Doch den geben wir gern her, im Schlaraffenland lebt es sich besser ohne. Und so folgen wir den medialen Schlaraffenland-Inszenierungen mit einer Mischung aus Neugier, Unglauben und Unbehagen. Nicht nur aus moralischen Gründen, sondern auch, weil viele derjenigen, die im Schlaraffenland leben, alle Türen und Fenster so exhibitionistisch aufreißen und trotzdem auf ihrer Grenzziehung bestehen und weil viele, so scheint es, ihr Schlaraffenlandgefühl nur erleben können, wenn sie es narzisstisch getrieben denen vorführen, die nicht daran teilhaben können. Das Publikum zahlt viel Geld für diesen Exhibitionismus, der die Narzissten auch noch belohnt.

Nicht nur im Fernsehen, sondern auch bei TikTok und anderen Plattformen wundert man sich über die Exzesse, die dort ausgestellt werden. Die neuen Stars heißen InfluencerInnen, die mit Hunderttausenden, manche gar mit Millionen Abonnenten ihren kommerziellen Exzess auf Kosten sehr junger ZuschauerInnen steigern. Sich vorzustellen, dass diese InfluencerInnen sich auch mehr und mehr im politischen Raum bewegen und damit auch Einfluss auf ihre Follower haben, ist erschreckend.

Eine ganze Medienwelt lebt davon, diese Ambivalenz, dieses bewundernde Bestaunen einerseits und dieses neidzerfressene Hassen andererseits im täglichen Theater auf die Bühne zu tragen. Ein Appendix dieser Diagnose ist das umgekehrte Schlaraffenland-Abenteuer der »Bildungsbürger«, die dabei zuschauen, wie zwischen Neureichen und Hilflosen Geschichten konstruiert werden, die den Narzissmus der Teilnehmenden, aber auch den des jaulenden, schadenfreudigen Publikums bedienen und über die heute nicht mehr nur die Boulevardpresse berichtet, sondern auch seriöse Medien.

Eitelkeiten, Kränkungen, Selbstentblößungen, Exhibitionismus und Sadismus werden zu einem unappetitlichen Brei verkocht, der die Geschmacklosigkeit der vielen beweist und den vermeintlich wenigen Gebildeten bestätigt: Am Leid und an den Kränkungen anderer Menschen kann man Selbstwertgefühl immer noch am besten aufbauen. Das entlastet. Das entspannt.

All diese Entwicklungen bestärken das eitle Ich, das sich vorwiegend aufgrund einer oberflächlichen Reaktion befriedigt. Diese Ich-Erfahrung ist heute bei vielen so dominant geworden, dass die Frage der Wir-Verantwortung entweder gar nicht erst entsteht oder vertagt wird.

Die Konstruktion des Bedürfnisses, wenn auch im kleinsten Format, eine Glückszone, eine leistungs- und stressfreie Zone im eigenen Leben zu schaffen, eine sorgenfreie Zone, eine gedankenfreie Zone, eine reflexionsfreie Zone, in der man einfach abhängt, chillt, sich im besten Sinne des Wortes verblödet, um die Ängste, die einen sowohl von außen als auch von innen unruhig sein lassen, nicht nur zu vergessen oder zu verdrängen, sondern sich als jemand, den oder die sie nicht betreffen, zu empfinden, ist eine Hoffnung des Menschen, die nicht nur nicht erfüllbar ist, sondern für den gesellschaftspolitischen Prozess bedrohliche Konsequenzen hat. Katerstimmung ist vorprogrammiert.

Andererseits: Wie soll man leben, wenn man nicht mindestens von Zeit zu Zeit aus dem Alltagsleben aussteigen kann? Aus den Sorgen, den Problemen, der Routine, dem zu erwartenden Tod, die einen begleiten, die Angst machen, bedrohen, sich hilflos fühlen

lassen. Ist so der wachsende Alkoholkonsum erklärbar? Das Bedürfnis, legale oder illegale Drogen zu
konsumieren? Kontrollverlust am Wochenende, um
die Woche zu ertragen?

Dieses Wochenend-Schlaraffenland könnte eine
notwendige Exitstrategie sein. Sie hat trotzdem etwas
Hilfloses, Trauriges. Können Menschen, die das nicht
können, weiter können? Kann es überhaupt ein »Ein-
wenig-gutes-Leben« geben (was auch immer damit
gemeint ist), wenn man nicht von Zeit zu Zeit alles
hinter sich lassen kann, wenn man nicht in Orte und
Handlungen eintauchen kann, die weder mit dem Alltag des Seins kompatibel noch erwartbar sein müssen,
wenn man nicht in das Schlaraffenland einer anderen Identität schleichen kann, die man vielleicht, hätte
man nicht so viel Angst gehabt, lieber geworden wäre,
um dann doch wieder in die Identität zurückzukehren,
die einem auch Angst macht? Schlaraffenland kann
auch Erholungsland, Pausenland, Mir-doch-egal-Land
sein. Es ist aber immer auch Illusionsland.

Lügen

Die Sehnsucht, Probleme im Irrationalen zu lösen, wird von vielen Institutionen aufgegriffen, aber auch und erst recht von der Wirtschaft. Ihr Instrument: die Werbung. Ihr Ziel: Produktabhängigkeit. »Der Markt gedeiht unter Bedingungen der Unsicherheit; er schlägt Kapital aus menschlichen Ängsten und Gefühlen der Unglückseligkeit.«[11] Werbeversprechen an jeder Ecke. Sie bauen noch mehr irrationale Fluchtwege und betäuben die Angst doch wieder nur scheinbar.

Du willst ein Haus? Sparkasse. Du willst gesund sein, du willst sehr alt werden? Private Krankenversicherung. Du willst ein perfektes Liebesleben? Tinder. Viagra. Du willst ein gutes Gewissen haben? Ein Spendenkonto. Du willst glücklich sein? Eine Pille. Du willst keinen Kontrollverlust? Eine Zeit-plan-App. Du willst schön aussehen? Von Gucci über H&M bis zur Ganzkörperschönheitsoperation – alle warten auf dich.

Die Glücksversprecher gehen davon aus, dass man den Menschen nicht überfordern darf und seine Frustrationen ausnutzen muss. Und bieten als Lösung seine Unterforderung an, »eine Art organisierter Gedankenflucht«, wie es Adorno formuliert.[12]

In der Politik heißen diese betrügerischen Schaumschläger Populisten. Der wachsende politische Einfluss dieser Lügner, Marktschreier, Zyniker, die die Errungenschaften des Humanismus, der Aufklärung, der Menschenrechte, des demokratischen Rechtsstaats mit Füßen treten, ist gefährlich. Und wird immer noch nicht ernst genug genommen.

Die Strategie der Populisten ist menschenverachtend und respektlos. Sie, so schreibt Adorno, »ist der Traum des Agitators: die Vereinigung des Entsetzlichen und des Wunderbaren, ein Delirium der Vernichtung, maskiert als Erlösung«.[13] An den faschistischen Rändern des politischen Feldes ist der Schritt von der Angstpropaganda zum Aufruf zur offenen Gewalt ein kurzer.

Dessen ungeachtet verspricht die Politik »Lösungen«, sie verkauft Machbarkeitsstudien als reale Perspektiven. Sie fabuliert von würdigem Altern, auch in den kommenden Jahrzehnten, obwohl bekannt ist, dass die Pflegeversicherungen schon heute unterfinanziert sind, dass Seniorenheime in Teilen schon jetzt einen lebensunwürdigen Alltag anbieten.

Das 21. Jahrhundert muss die neuen Prämissen, die substanziell teilweise revolutionären lebensverändernden Realitäten annehmen. Persönlich, national, global. Die Realitäten zu verdrängen, das geht nicht mehr. Das ist lebensgefährlich. Die Frage der Umweltzerstörung, der geostrategischen Verschiebungen, der sozialen Ungerechtigkeit, der Flucht, der Internetwelt sind so radikale Veränderungen, dass die bisherigen Therapien nicht wirken werden.

Die gegenwärtige und zukünftige Welt zu denken und dabei vor allen Dingen das Grundprinzip des Humanismus und der Aufklärung zu bewahren verlangt endgültig, dass das, was jetzt marode ist und nicht mehr wirkt, verabschiedet wird und neue Ideen, kreative Ansätze und Entscheidungen umgesetzt werden. Das höchste Risiko wäre: Weiter so.

Für die Zukunft der Menschheit sind nicht die gefährlich, die jetzt das Ende des Schlaraffenlands fordern, sondern diejenigen, die sich mit aller Kraft daran festklammern; die Zaubertricks fordern, immer neue Illusionserzählungen, immer neue Hoffnungsnarrative. Wahrscheinlich brauchen Menschen diese an Irrsinn grenzenden Hoffnungen. Sich an sie zu klammern bedeutet aber, genau deshalb zu scheitern.

Schon kurzfristig funktioniert der Selbstbetrug nicht: Denn wer soll dieses System eigentlich bezahlen? Was bedeutet es für eine Gesellschaft, wenn diejenigen, die Hilfe brauchen, diese Hilfe nicht mehr in vollem Umfang oder gar nicht mehr erhalten können? Was passiert, wenn über Jahrzehnte ein Anspruch erlebt und gelebt wurde, der nicht mehr erfüllbar ist?

Das in den westlichen Ländern beliebte Versprechen der Vollkasko-Sicherheit unterschlägt die existenzielle Erkenntnis, dass das Leben eben doch nicht und allumfänglich beherrschbar und versicherbar ist. Dass wir eine Risikolebensversicherung abschließen, zeigt die Absurdität unserer Vollkaskogesellschaft. Das gilt auch für den Krieg. Er ist nie nicht gewesen.

»Risikolebensversicherung« klingt so wie »Sondervermögen«, wenn die Bundesregierung Milliardenschulden aufnimmt. Eine Sprechblase, eine Verpackungslüge. In Wirklichkeit ist die Risikolebensversicherung eine Todesversicherung. Man zahlt regelmäßig in seinen Tod ein, der irgendwann mit einer Versicherungsprämie belohnt wird, die andere genießen (hoffentlich die Richtigen). So schmerzhaft es ist – das Leben kann nicht versichert werden. Es gibt keine Versicherung, die Leben garantiert, die wirklich »sichert«. Garantiert und sicher ist nur der Tod. Leider auch im Krieg. Immer. »Das Sein zum Tode ist wesenhaft Angst«, so sieht es Heidegger.[14]

Selbst wenn Heidegger recht hat, glaube ich, dass das Dasein primär ein Sein zum Leben ist. Und dass der unvermeidbare Tod den Menschen umso mehr ermutigen sollte, im Leben zu sein, die Angst zu überwinden. Das Bewusstsein, mit unserer Geburt schon Todeskandidat zu sein, müsste uns eigentlich die Angst vor dem Tod nehmen. Wir sollten uns vielmehr darauf konzentrieren, dass wir mit unserer Geburt Lebenskandidat sind. Nur im Leben kann uns alles passieren. Im Tod nichts (mehr).

Dennoch ist die Todesangst unsere Lebensangst. »Der Mensch ist das Tier, das weiß, dass es sterben muss«, schreibt Friedrich Dürrenmatt.[15] Zwar tröstet uns der Philosoph Epikur: »Das schauerlichste Übel also, der Tod, kann uns nichts anhaben, da ja, solange wir sind, der Tod nicht da ist, wenn aber der Tod da ist, dann sind wir nicht mehr da.«[16] Im Tod wissen wir nichts mehr von ihm, können nichts mehr wissen. Dann spielt er für uns keine Rolle mehr. Wer tot ist, ist tot. Das Denken hat sein Ende. Das Fühlen auch. Diese Angst vor dem Ende beschäftigt uns lebenslang. Und prägt unser Denken und unsere Vorstellung von Welt. Ob wir wollen oder nicht.

Der Philosoph Thomas Macho sagt: »Die Menschen fürchten nicht den Tod. Sondern dessen Unvorstellbarkeit. Was Angst erzeugt, ist eine logische Lücke der Fantasie.« Um diese Lücke zu füllen, sollte man Montaignes Rat folgen: Man müsse »dem Tod seine furchtbare Fremdartigkeit« nehmen, indem man sich intensiv mit ihm befasst.[17]

Angst habe ich vor dem Tod wenig. Aber vor dem Sterben. Verdammt viel Angst. Wie die meisten Menschen wünsche ich mir einen nahtlosen, schnellen Übergang zwischen dem Sterben und dem Tod. Sekundentod.

Aber warum sollte ich mich auf dieses Glück verlassen können? So viele Menschen brauchen lange, um zu sterben. Es ist qualvoll. Ich habe Angst vor dem Verlust meiner Autonomie. Ich habe Angst vor der Vorstellung, dass ich die Kontrolle über meine Exkremente verliere; dass ich auf Menschen angewiesen bin, die mich waschen und pflegen, dass ich mich nicht mehr bewegen kann, nicht mehr in die Welt gehen kann.

In letzter Zeit wächst die Angst, dass sich meine Persönlichkeit verändern könnte. Ich habe keinen konkreten Anlass, mir darüber Gedanken oder Sorgen zu machen. Aber braucht es den, um sich Gedanken und Sorgen zu machen?

Ein Hirnschlag. Demenz. Der schleichende oder schnelle Verlust meines Ichs, meines Bewusstseins, meiner Persönlichkeit, meiner Personalität machen mir Angst. Am meisten Angst macht mir der Übergang. Also: wissend beobachten, bewusst begleiten, wie viel weniger, wenig und dann gar nichts mehr von mir übrig bleibt. Eine Körperhülle ohne mich.

Ich frage mich, vor was ich mehr Angst habe: dem Verlust meiner körperlichen Fähigkeiten, gelähmt, im Rollstuhl oder ans Bett gefesselt, nichts mehr allein machen zu können, aber wenigstens mit mir übrig geblieben zu sein – meiner Sprache, meinem Denken, meinem Fühlen. Oder umgekehrt: mit meinem Körper übrig geblieben zu sein, der ohne mich weiterlebt.

Vor dem Sterben habe ich Angst. Vor der Demütigung. Der Würdelosigkeit. Der Hilfsbedürftigkeit. Vielleicht müsste ich mir, wie viele andere Menschen auch, die Überwindung dieser Angst antun, um die (Rest-)Möglichkeiten des Lebens vorstellbar werden zu lassen und eine autonome, bewusste Freiheit zu erlangen. Diese Verhandlung in unserer Gesellschaft und mit uns selbst ist im 21. Jahrhundert, in der unsere Gesellschaften immer älter werden, unverzichtbar. Doch wir verhandeln nicht genug. Lieber lassen wir uns belügen, auch von uns selbst.

Unsere Vorstellung von Veränderung hat etwas gemeinsam mit unserer Vorstellung von Tod: Beide sind unvorstellbar, nicht greifbar. So wie alles, was wir konstruieren, nicht auf festem Boden steht, auf gar keinem Boden. Wir kennen die Grundlagen der Zukunft nicht, ihre Realitäten, die wir mit beeinflussen können. Sich auf diesem Boden zu bewegen ist riskant. Risiken einzugehen macht Angst. Risiken zu vermeiden, Ruhe zu bewahren verspricht Überleben. Scheinbar.

Haben wir deswegen den Etikettenschwindel zu einer Alltagsmethode unseres Zusammenlebens gemacht? Der Weichzeichner erscheint uns zwingend, die Realität viel zu schroff. Deswegen sprechen Versicherer von »Leben« und nicht von »Tod«. Deshalb wird auch das Alter entsorgt: mit Botox, dem Weichzeichner für Sorgenfalten. Mit Schönheitsoperationen. Mit falschen Zähnen. Doch halt! Bitte keine Zahnprothese, stattdessen Implantate, die uns garantiert bis in den Tod begleiten. Als ob man dann noch Zähne bräuchte.

Ach ja, und die Rente. Ganz wichtig im Sicherheitsland, doch auch das ein Etikettenschwindel. Schon heute gibt der Bund jedes Jahr 110 Milliarden Euro für Renten aus, das entspricht einem Viertel des Haushalts. »Wenn wir es so laufen lassen, müsste der Bund in 25 Jahren mehr als die Hälfte des Haushalts dafür ausgeben. Das kann nicht funktionieren«, sagt Monika Schnitzer, Professorin für Volkswirtschaftslehre an der Universität München und Vorsitzende der Wirtschaftsweisen.[18]

Arbeitsminister Norbert Blüm hatte uns 1986 und noch einmal 1997 versichert: »Die Rente ist sicher.«[19] Sicher? Über Jahrzehnte hinweg? Wie kann irgendetwas, in längeren Zeiträumen gedacht, sicher sein? Und wenn wir doch wissen, dass es diese Sicherheit nicht gibt: Wie kann es sein, dass wir es hinnehmen, dass jeder fünfte Mensch über 80 Jahre in Deutschland von Armut betroffen ist? Und dass jede dritte Frau über 80 Jahre arm ist? Jede dritte![20]

Etikettenschwindel, wo immer man hinschaut. »Das Gute-KiTa-Gesetz« sammelt sogar moralische Kategorien auf, um uns im Wohlfühlleben das Gefühl zu suggerieren, alles ist gut, alles bleibt gut. Diese Langzeit- und Ewigkeitsversprechen sind verständlich in der Werbewelt. In der politischen und damit realen Alltagswelt sind sie unverantwortlich. Genauso unverantwortlich ist es aber, dass Menschen diesen Botschaften unbedingt glauben wollen, weil der Glaube daran Entlastung schafft. Ein lebenslang entlastendes Lebenskonzept ist ein nicht gelebtes Leben und ein Leben in maximaler Gefahr. Und Langeweile.

Und dann kursiert auch noch die täglich neu erzählte Konstruktion, wir könnten weiter konsumieren und den Klimawandel trotzdem noch aufhalten (wir sagen »Wandel« statt »Katastrophe«). Wir würden unsere Ziele schon noch erreichen, irgendwann, irgendwie, obwohl wir sowohl regional als auch global eigentlich diagnostizieren müssten, dass unser reales Handeln dieses Ziel täglich unerreichbarer werden lässt.

Dieses So-als-ob-Tun, dieses Sich-selbst-Belügen und andere damit mitzubelügen mag zwar dem menschlichen Bedürfnis entsprechen, sich Ruhe zu verschaffen. Das Schweigen zu den Fragen, die eine substanzielle Veränderung im Bewusstsein und im Verhalten nach sich ziehen würden, führt jedoch zu einer Verschiebung der Probleme in die Zukunft, in die Richtung der jungen Generationen. Unter Umständen zur finalen Unlösbarkeit. »Nach mir die Sintflut!« Solange die Sintflut nicht da ist, konsumieren wir weiter, machen die Augen zu.

Alle Umfragen zeigen, dass die Mehrheit der Bevölkerung für den Klimaschutz ist. Die Zahlen fallen, sobald es um den eigenen Beitrag geht. Die meisten Menschen sagen, dass sie nichts gegen Homosexualität haben. Die Zahlen fallen, wenn es sich um das eigene Kind handelt. Die meisten Menschen sind für soziale Gerechtigkeit. Die Zahlen fallen, sobald es um Steuererhöhungen geht. Ach ja, und auch der Frieden soll ewig währen. Und auch das Narrativ, Politik ohne das Mittel des Krieges zu gestalten, gehört zum großen Selbstbetrug unserer Zeit.

Der Kontinent Europa ist nicht das Paradies des Friedens, der Kultur, der »Hochkultur«. Dies ist eine Wunschvorstellung. Die naive Vorstellung, dass mit dem Ende des Kalten Krieges und mit dem Zusammenbruch der Sowjetunion der Frieden etabliert sei, damit wir in unserem Schlaraffenland unsere Ruhe haben, erweist sich als furchtbarer Irrtum.

Wir hatten die Augen geschlossen vor der Wahrheit, dass nach wie vor das Gleichgewicht der atomaren Abschreckung zwischen den USA und Russland die entscheidende Statik ist, die einen Atomkrieg verhindert. Spätestens der Ukraine-Krieg zwang uns, die Augen wieder zu öffnen.

Das 21. Jahrhundert wird entscheiden, ob Autokratien wachsen und Demokratien zusammenbrechen. Schon jetzt geraten weltweit immer mehr Demokratien unter Druck. Laut Transformationsindex der Bertelsmann Stiftung hat im Jahr 2022 die Zahl der autokratischen Staaten (70) die Zahl der demokratischen Staaten (67) überholt. Der Machtmissbrauch wächst, Meinungs- und Versammlungsfreiheit werden beschnitten.[21] Und die Lügen wuchern.

Betrachtet man Europa, so wird der Entdemokratisierungsprozess besonders in Ländern wie Polen, Ungarn, Italien und Schweden sichtbar. Im französischen Parlament haben die Rechts- und Linksextremen die absolute Mehrheit. Auch in Österreich könnte sich bald wieder eine Regierung mit der FPÖ, vielleicht sogar mit einem FPÖ-Bundeskanzler, ergeben.

Dass ein weiteres Land der EU von rechtspopulistischen Verächtern und EU-Demokratie-Skeptikern regiert wird und dies nicht eine These in einem politikwissenschaftlichen Universitätskolleg, sondern sehr reale Politik ist, zeigt das Ausmaß der Veränderung. Wer der nächste Präsident oder die Präsidentin in Frankreich wird, wird eine wichtige Entscheidung für die Identität und Richtung der Europäischen Union werden.

In den USA ließ sich dieser Prozess in der Ära Trump beobachten. Es war eine beängstigende Entwicklung. In der größten Demokratie der Welt, die gleichzeitig Schutzmacht vieler anderer Demokratien ist, erlebten wir einen radikalen Abbau von demokratischen Grundwerten. Ex-Präsident Donald Trump hatte sich selbst zu einem Symbol dieses Niedergangs gemacht. Einem Symbol der zynischen Betrachtung der Demokratie und der Missachtung der wichtigsten

Grundlage einer Demokratie: Respekt und Menschenwürde.

Dass er das Lügen und Betrügen salonfähig machen wollte, dass er die Wissenschaft verlachte, dass er die Bedeutung von Tatsachen und Fakten negierte und damit Grundlagen des demokratischen, zivilisierten und humanistischen Lebens mit Füßen trat und sie stattdessen mit rassistischen, autoritären Narrativen ersetzte, hat viele Menschen entsetzt, viel zu viele entzückt.

Erinnerte die Lage doch an das, was der amerikanische Politiker Hiram Johnson schon 1918 in einer Rede formuliert hatte: »Das Erste, was in einem Krieg auf der Strecke bleibt, ist die Wahrheit.«[22] Und was Hannah Arendt später so treffend auch für Deutschland auf den Punkt brachte: »Der wohl hervorstechendste und auch erschreckendste Aspekt der deutschen Realitätsflucht liegt in der Haltung, mit Tatsachen so umzugehen, als handele es sich um bloße Meinungen. (...) Dies ist in der Tat ein ernsthaftes Problem, (...) weil der Durchschnittsdeutsche ganz ernsthaft glaubt, dieser allgemeine Wettstreit, dieser nihilistische Relativismus gegenüber Tatsachen sei das Wesen der Demokratie. Tatsächlich handelt es sich dabei natürlich um eine Hinterlassenschaft des Naziregimes.«[23]

Eine aktuelle Allensbach-Studie bestätigt, dass sich daran wenig geändert hat: 42 Prozent der Befragten vertraten die Position, Fakten seien Ansichtssache.[24]

Konsum

Zufrieden ist nie zufrieden genug. Glück scheint unendlich steigerbar. Das Glücksgefühl des Augenblicks wird sofort durch die Sehnsucht nach mehr relativiert. Der Mensch will mehr. Im 21. Jahrhundert noch mehr. Die Wohlstandsgenerationen – und damit ist nicht nur das individuell materielle Wohl gemeint, sondern auch der kollektive Wohlstand, der infrastrukturelle Wohlstand, der Versorgungswohlstand –, sie wollen mehr.

Als ob es unendliche Ressourcen gäbe. Als ob das *Mehr* Wollen sich unendlich befriedigen ließe. Als ob das Immer-mehr nicht immer auf Kosten von Menschen ginge, die deswegen weniger haben. Als ob das ununterbrochene Immer-mehr-als-mehr überhaupt noch wahrnehmbar wäre. Die Frage ist, ob nicht immer mehr Mehr nötig ist, um überhaupt noch ein Minimum an Mehr-Gefühl zu entwickeln. Das erinnert an Suchtverhalten. Frustration ist einprogrammiert. Konsum-Junkies brauchen immer mehr Stoff, um irgendeine Wirkung zu empfinden.

Es lohnt sich, darüber nachzudenken, was Mehr im Jemen, in Äthiopien, Myanmar bedeutet. Nicht um des

schlechten Gewissens willen, sondern um sich klar-
zumachen, dass wir das So-viel-mehr an Mehr als
selbstverständlich empfinden; dass wir nicht einmal
mehr wirklich würdigen, in was für einem Ausnahme-
zustand wir leben. Wohlstandsverwahrlosung. Wohl-
standsdekadenz.

Wenn wir wenigstens genießen könnten. Wenn
wir wenigstens wüssten, welches Privileg wir erleben.
Wenn wir wenigstens unser Koordinatensystem nicht
nach dem Mehr richten würden, sondern nach der
Weltrealität der Menschen, bei denen Wasser, Nah-
rung, Elektrizität, Kanalisation, ein Dach über dem
Kopf immer noch ein Traum sind und keine Realität.

Einerseits diskutieren wir den Klimawandel und
erleben das erschöpfende, das erschöpfte Klima als
vernichtende Gefahr für das Leben des Menschen
auf der Erde, weil wir gedankenlos und egoistisch das
Immer-mehr auf Kosten der Natur möglich machen.
Andererseits schaffen wir es nicht, von diesem Fokus
auf das Immer-mehr wegzukommen. Stattdessen
beschwören wir es jeden Tag neu. Und halten skalier-
bare Immer-mehr-Geschäftskonzepte sogar für besonders zukunftssicher.

Für die meisten Menschen hierzulande – so zumindest die Erzählungen der Werbung, der Industrie, der
Politik, der Small Talks – ist gutes Leben seit der Wirt-
schaftswunderzeit gekoppelt an ein wachsendes Einkommen. Konsum wurde zum Erfolgsmodell: In den
vergangenen 50 Jahren hat sich die Wohnfläche pro
Person in Deutschland fast verdoppelt.[25] Immer mehr
Familien fahren immer mehr und immer größere

Autos.[26] Es wird immer mehr Kleidung gekauft und weggeworfen.[27]

Wenn es in früheren Jahrzehnten hieß: »Sag mir, was du weißt, und ich weiß, wer du bist«, wurde dies ersetzt durch »Sag mir, wie viel du hast, und ich weiß, wer du bist«. Konsum wurde zur neuen Religion. Die Versprechungen des Schlaraffenlands zielen auf das Äußerliche, auf die Oberfläche, auf den schönen Schein. Ein anfälliges Konzept. Ein Vergangenheitskonzept.

Wo es nicht aufgeht, wo es gestört wird, fließt immer noch Geld. Staatshilfen. Das Wort *mehr*, immer mehr und noch mehr ist Leitmotiv. Auch geopolitisch. Der Slogan »Wandel durch Handel« klang gut, das Modell bricht aber jetzt endgültig in sich zusammen. Der Glaube, dass Ökonomie auch geopolitische Konflikte und Machtkonstellationen lösen könne, wurde über Jahrzehnte hochgehalten. Doch die Hoffnung, dass sich die Staaten, auch diktatorische, in ihren ökonomischen Verstrickungen so sehr verknüpfen, dass Kriege einen ökonomischen Zusammenbruch hervorrufen würden, dass sie fortan aus diesem Grund ausgeschlossen wären, erwies sich als furchtbare Verblendung. Nicht nur in Russland.

Spätestens jetzt wird es notwendig, sich kritisch zu fragen, wie man sich einer solchen Wunschvorstellung hatte hingeben können. Lag es daran, dass wir zwar immer mehr Handel betrieben, aber immer weniger den Wandel vor Augen hatten und den Diktatoren, mit denen wir Handel trieben, den Wertewandel dann doch nicht abverlangt haben?

Wir wussten schon lange, in welchem Ungleichgewicht sich das Modell »Wandel durch Handel« befand, zogen dem System aber nicht den Stecker, weil uns Handel dann doch wichtiger war als Humanismus. Wohlstand stand im Vordergrund. Und warum sollte China sich wandeln, Russland, Saudi-Arabien, wenn sie wussten, wo unsere Prioritäten lagen? Im Wachstum. Und sie kannten unsere Abhängigkeiten, die aus unserem hedonistischen Bedürfnis entstanden sind. Die Zeit des Neoliberalismus hinterlässt bittere Spuren.

Unsere ökonomischen Abhängigkeiten – vor allem von russischem Gas, von Erdöl, von Rohstoffen – wuchsen. Deshalb schauten wir weg. Dass unsere Wirtschaft in genau derselben Abhängigkeit, nein, in einem viel größeren Maße von China abhängig ist, wird eine der großen Herausforderungen der nächsten Jahre sein. Im Jahr 2020 lag das beiderseitige Handelsvolumen bei 560 Milliarden Euro – achtmal höher als im Jahr 2000.[28] Wenn China hustet, haben wir eine Lungenentzündung.

Das Dilemma zwischen Real- und Moralpolitik, zwischen Pragmatismus und Ethik zeigt sich vor unser aller Augen. Nicht nur, dass eine Million Uiguren im größten Gefängnis der Welt eingesperrt sind, nicht nur, dass China seine imperialistischen Pläne militärisch umsetzt, nicht nur, dass China wirtschaftlich imperialistisch in vielen Ländern die wichtigsten infrastrukturellen Unternehmen aufgekauft und die Kontrolle über Flughäfen und Häfen übernommen hat, nicht nur, dass China mit der Neuen Seidenstraße das einzige globale Infrastrukturnetz für Handel geschaffen hat, nicht nur, dass Chinas Führung offen und laut seine Verachtung für die »dekadente« und demokratische Welt ausruft, nichts davon reichte bisher, um auch Deutschland zu einem Umdenken zu bringen.

Und wir? Wir belügen uns weiter.

Normalität

Nichts ist normal, nichts ist selbstverständlich. Wir unterstellen Normalität, wir konstruieren Normalität. »Wir«, das sind die, die in einer Gruppe für sich selbst, und dann irgendwann auch für andere, Regeln, moralische Kategorien, Verhaltensweisen, Aktionen und Reaktionen definieren. Diese Art von »Normalität« gefährdet andere, abweichende Lebenskonzepte. Die daraus entstehenden Aggressionen, Unterdrückungen und Kriege prägen die Menschheitsgeschichte. Normalität setzt das Normale voraus. Aber was ist »normal«? Das, was die Religionsgemeinschaften darunter verstehen? Politische Mehrheiten? Der Tennisverein? Die Schule? Die Familie? Die Werbung? Die Bubbles in den sozialen Medien?

Mit der Behauptung des Normalen wird abweichendes Verhalten das Unnormale. Machtverhältnisse der »Normalen« erzwingen Anpassungsprozesse der Abweichler. Wer nicht so ist wie wir, wird bestraft oder hinausgeschmissen. In Diktaturen getötet. Das Normale ist erstickend, kleinkariert und selbstreferenziell. Warum? Weil es glaubt, die Wahrheit zu repräsentieren, das »richtige« Leben.

In den letzten Jahrzehnten sind viele dieser »normalen« Selbstverständlichkeiten endlich zu Recht infrage gestellt worden. Es ist noch nicht lange her, da war Homosexualität strafbar, da mussten Frauen ihre Ehemänner fragen, ob sie einen Arbeitsvertrag unterzeichnen dürfen, die Vergewaltigung in der Ehe war noch nicht strafbar. Das alles war irgendwann einmal »normal«. Einige, besonders in rechtsextremen Kreisen, gehen gern mit der Behauptung hausieren, »Früher war alles besser«. Sie leben in nostalgischen Erinnerungen an ihre Vorstellung des »Normalen«.

Bei den »Normalen« ist zwar durchgedrungen, dass es nicht besonders gut und klug ist, rassistisch zu sein. Aber hier oder da mal einen Witz zu machen, das muss doch möglich bleiben. Bei den »Normalen« ist zwar angekommen, dass Frauen auch Menschen sind, aber das muss ja nicht unbedingt heißen, dass sie Führungspositionen besetzen müssen. Rassismus darf keinen Raum mehr besetzen, aber über 15 Prozent der »Normalen« meinen, dass trotzdem etwas dran sein muss, wenn behauptet wird, irgendwie seien Juden eine Gefahr für die Welt.

Ich habe mich mein ganzes Leben lang gefragt: Wer will eigentlich »normal« sein und warum? Was verbirgt sich dahinter? Anerkennung von den anderen? Das Bedürfnis, geschützt in einer Gruppe zu leben um den Preis, die eigene Identität ins Unerkennbare schmelzen zu lassen? Oder ganz einfach die Hoffnung, nicht allein und einsam in dieser Welt zu leben?

Die Kategorie des »Normalen« an sich ist eine Infragestellung der Lebensvielfalt, der Lebensidentitäten der Menschen auf der ganzen Welt. Denn das »Normale« ist auch das Ergebnis von Macht und Kulturimperialismus. Wer »normal« ist, nimmt sich das Recht, die »Nichtnormalen« zu unterdrücken, zu kolonialisieren, zu vernichten.

Das Schlimmste für den »Normalen« allerdings ist, zu entdecken, dass Bedürfnisse in ihm existieren, die den »Nicht-Normalen« aus ihm machen. Statt diese auszuleben, wird das »Nicht-Normale« in der Regel noch mehr verachtet und gehasst. Es ist nicht der Fremde, vor dem wir Angst haben, sondern das Fremde in uns selbst, das uns der Fremde vorlebt. Je näher es uns kommt, desto mehr Abwehr mobilisieren wir.

Die Existenz ist brüchig und zerbrechlich. Das Fundament, auf dem wir stehen – eine Pergamenthaut. Wir hoffen, dieses Fundament mit der Hilfe von Ritualen zu stärken, die Statik des Gebäudes zu verbessern.

Routine verspricht Sicherheit. Aber Routine ist statisch, und statisches Leben ist Stillstandleben, Erstickungsleben, Unsicherheitsleben. Nun könnte man fragen: Was ist daran schlecht? Dieses Land, die Unternehmen, die Bildungseinrichtungen würden nicht funktionieren, wenn die Menschen nicht jeden Morgen aus ihren Betten stiegen.

Arbeiten. Wählen gehen. Lernen. Routine gibt Statik. Die Statik des Lebensgebäudes verringert die Angst. Der durchgetaktete Stundenplan trägt uns durch den Tag, scheinbar verlässlich.

Wer aber zu lange in der Annahme lebt, dass allein die Routine ein stabiles Leben ermöglicht, hat sich nicht ausreichend damit beschäftigt und sich nicht darauf vorbereitet, dass dieses Hilfsinstrument nie ein ganzes Leben lang stützt. Gerüste rosten. Brücken brechen. Routinen versagen. Routinen versagen bei kleinsten Veränderungen und Erschütterungen, und erst recht bei großen: dem Verlust von Liebe, Haus, Arbeit, Gesundheit, beim Tod eines nahestehenden Menschen.

Von welch einer Sicherheit gehen wir eigentlich aus? Von welch einem planbaren Leben, von welch einer durchkalkulierten Existenz träumen wir, die uns ein sicheres Leben verspricht? Was ist ein sicheres Leben? Und ist ein sicheres Leben zwingend ein gutes, ein erfülltes Leben? Oder bedarf es dazu der Erfahrung des Risikos? Der Unsicherheit? Des Neuen? Der Erfahrung unseres Umgangs mit dem Neuen?

Hoffen

Seit ich ein Kind war, hatte ich Angst vor Menschen. Sie waren verantwortlich für das, was man meiner Mutter und meinem Vater angetan hatte. Seelisch und körperlich. Es waren Menschen, die meine Onkel und Tanten, die Cousins und Cousinen ermordet haben. Einfach so. Doch schon als Kind konnte ich auch lernen, dass Menschen so wunderbar sein können, so außerordentlich sein können. Aber auch: dass sie zu allem fähig sind. Zu Allem.

Gleichzeitig war ich auf nichts neugieriger als auf Menschen, wollte auf sie zugehen; will sie bis heute kennenlernen. Verstehen. Entdecken. In all ihren Facetten. Auch die, die mir Angst machen. Die Gewalttätigen. Die Unkontrollierten. Die Wütenden. Die Hassenden. Die Verbitterten. Die Traurigen. Die Unglücklichen. Die Verzweifelten. Ich will verstehen: Warum?

Als Kind löste ich diese scheinbar paradoxe Situation auf, indem ich diese Menschen durch eine Schutzwand aus Büchern und Filmen kennenlernte; indem ich Geschichten verschlang und die Komödien und Tragödien des menschlichen Alltags durch diesen

Filter an mich heranließ. Diese Distanz verminderte die Angst. Trockenübung.

Bis heute kann ich, wenn ich Bücher lese oder Filme anschaue oder ins Theater gehe, in tiefste emotionale Reaktionen verfallen. Ich kann minutenlang weinen, wenn ein Mensch mit all seiner Unberechenbarkeit zuschlägt oder die Unberechenbarkeit den Menschen erschlägt; wenn das Barbarische, das Brutale sichtbar wird.

Gleichzeitig bereitet mir die reale Begegnung mit Gewalt krampfartige Furcht. Sehe ich, wie Menschen sich schlagen, erleide ich Panikattacken. Schon das Anbrüllen, die Anzeichen einer aggressiven und gewaltsamen Situation, erlebe ich als eine große Gefahr, auch wenn ich scheinbar damit nichts zu tun habe. Sogar einige Meter davon entfernt.

Es bereitet mir Angst, dass der Mensch – das gilt auch für mich selbst – oft selbst nicht weiß, dass er in der nächsten Sekunde zu Dingen fähig ist, von denen er wenige Wimpernschläge zuvor glaubte, dass er sie nie tun könnte; dass das Umschlagen vom Zivilisierten ins Barbarische jederzeit, in kürzester Zeit und bei jedem möglich ist; dass auf das Fundament der Zivilisation kaum Verlass ist; dass selbst die Zivilisiertesten und Gebildetsten sich ihrer eigenen Affekte nicht erwehren können, ihrem Unbewussten und ihren Emotionen hilflos gegenüberstehen. Schon Schopenhauer wusste: »Die Barbarei kommt wieder, trotz Eisenbahnen, elektrischen Drähten und Luftballons.«[29]

Und doch möchte ich an den Menschen glauben. Ja, mir ist die Schwäche des Konzepts *Glauben* bewusst. Und doch scheint es bei all dem Wissen über den Menschen so zu sein, dass auf nicht wenige von ihnen Verlass sein könnte. Das heißt, dass sie in entscheidenden Momenten und Situationen eben doch zivilisiert, solidarisch, empathisch, also menschlich reagieren; dass gemeinsames Handeln eben doch möglich ist, dass sich die Dinge doch verändern lassen.

Das hatte Antonio Gramsci gemeint, als er 1935 in faschistischer Gefangenschaft unter dem Stichwort »Graziadei und das Schlaraffenland« schrieb: »Schließlich bringt jeder Zusammenbruch intellektuelle und moralische Unordnung mit sich. Man muss nüchterne, geduldige Menschen schaffen, die nicht verzweifeln angesichts der schlimmsten Schrecken und sich nicht an jeder Dummheit begeistern. Pessimismus des Verstandes, einen Optimismus des Willens.«[30]

Eine naive Hoffnung? Und selbst wenn: Ich bin lieber ein skeptischer Optimist als ein bitterer Zyniker.

Möglicherweise brauchen wir genau dieses Ziel, sei es vielleicht auch eine Illusion: dass individuell und kollektiv emanzipiertes Leben, dass freies und friedliches Leben, dass sozial gerechtes und nachhaltiges Leben, dass empathisches und solidarisches Leben möglich ist – um unser Leben überhaupt leben zu können.

Wir hoffen. Wir planen. Doch der Glaube, dass sich das Leben in kontrollierbare Bahnen lenken lässt, scheint eine hilflose Reaktion auf das Wissen, dass die Existenz aus ununterbrochenen Kontrollverlusten besteht. Wir organisieren, wir nehmen Ereignisse vorweg, sind überzeugt davon, dass das Wenn-dann-Prinzip uns festen Boden unter die Füße schiebt.

Wir glauben tatsächlich, dass wir die Zukunft planen können; dass wir sie denken können, als wäre sie berechenbar, als wäre sie sicher und würde sicherlich so, wie wir es uns wünschen. Die Tatsache, dass die banale Lebenserfahrung – es kommt doch alles anders, als man denkt – nicht dazu führt, dies kritischer zu hinterfragen, ist bedenklich. Andererseits können wir nicht ohne eine Vorstellung von Zukunft (im Sinne einer Gestaltungsvorstellung) existieren.

Könnte Zukunft, das Synonym für Hoffnung, in unserer Vorstellung nicht real werden, verfielen wir hoffnungslos in Lethargie. Und tatsächlich gelingt es uns, jedenfalls von Zeit zu Zeit, unsere Zukunftsvorstellungen zu realisieren. Diese punktuellen Erfahrungen scheinen zu genügen, um unser häufiges Scheitern, um die permanente Nichterfüllung von Zukunft zu ertragen.

Wir setzen auf Kausalität und Berechenbarkeit und erleben wieder und wieder, dass das Unerwartete all unsere lächerlichen Versuche in Sekunden zusammenbrechen lässt. Besonders entsetzt und sprachlos reagieren wir bei Naturkatastrophen: Erdbeben, Wirbelstürmen, Tsunamis.

Sowohl in unserem individuellen Leben als auch im kollektiven erfahren wir, dass uns das scheinbar Unvorhersehbare mit der Wucht eines Meteoriten trifft, uns aus der Bahn wirft, und hoffen trotzdem, dass es auch dieses Mal wieder einen anderen trifft. Jedenfalls nicht uns.

Hoffen allein reicht nicht. Nie. Hoffen ist irrational. Es ist das Wünsch-dir-was-Programm, das in der Regel nicht auf Wissen, sondern auf Glauben gebaut ist. Glauben aber ist wie heiße Luft in einem maroden Heißluftballon. Am Ende stürzt man ab und fällt hart. Hoffnung ist kein Sicherheitsnetz, kein doppelter Boden. Sind wir der Hoffnung hoffnungslos verfallen?

Zukunft macht Menschen unsicher. Sie ist unbekannt. Sie ist fremd. Unberechenbar. Nur die Optimisten glauben, dass alles besser wird. Realisten und Pessimisten sehen Zukunft mit äußerster Skepsis. Ihre Angst ist groß. Alles ist möglich. Im Guten wie im Schlechten. Also hoffen sie. Auf was eigentlich?

Die Hoffnung ist zukunftsgerichtet. Sie beschäftigt den Menschen, lenkt ihn davon ab, seine Kraft und Energie in die Gegenwart zu investieren. Statt zu handeln, wird gehofft. Doch nichts wird gut, weil man hofft.

Trotzdem: Die Hoffnung regt die Fantasie an, die Kreativität, das Undenkbare zu denken. Dort, wo nicht mehr gehofft werden kann, weil die Erkenntnis sich verdichtet, dass das Hoffen allein die Katastrophe nicht mehr abwenden kann, dort verwundert es am meisten, dass die Menschen die notwendigen Konsequenzen nicht ziehen. Warum? Weil die Angst davor, ihr Leben verändern zu müssen, auf so viel verzichten zu müssen, im Vordergrund steht?

Die Diskussion über den Klimawandel, in der alles bereits von allen gesagt wurde und im Prinzip niemand das auf die Menschheit zukommende Drama bestreitet, führt immer noch nicht dazu, dass entsprechend schnell und wirksam gehandelt wird. Wir verschieben die Zeit des Handelns. Wir lassen uns zu viel Zeit.

Dabei wissen wir spätestens seit der UNO-Nachhaltigkeitskonferenz von 1972, also seit 50 Jahren, dass wir mit unserer endlosen Sucht nach fossilen Brennstoffen, mit unserer Idee des endlosen Wirtschaftswachstums auf ein baldiges Ende der sozialen, ökonomischen und ökologischen Ordnungen zusteuern, auf den totalen Kollaps. Und trotzdem sind wir handlungsfähig – und handeln zu wenig.

Als ein Grund dafür wird ein typisch menschlicher Denkfehler genannt: der Optimismusfehler. Studien aus der Psychologie und der Verhaltensökonomie zeigen, dass Menschen, wenn es um ihre Zukunft geht, die Wahrscheinlichkeit positiver Ereignisse systematisch überschätzen und die Wahrscheinlichkeit negativer Ereignisse unterschätzen. Ein Unfall? Ich doch nicht. Krebs? Nein, die anderen. Erfolg? Ja, sicher. Ein langes Leben? Selbstverständlich. Der *optimism bias* gehört zu den besonders häufigen und hartnäckigen kognitiven Verzerrungen des Menschen. Ein Knick im Denken.

Wozu? Möglicherweise hat es sich in der Evolution als günstig erwiesen, mit positiv verzerrten Vorhersagen zu arbeiten, weil sie – so ein aktuelles Studienergebnis – in einigen Fällen zu besseren Ergebnissen führen als neutrale Vorhersagen.[31] Was, wenn ich die Bahn doch noch erwische? Wenn ich doch noch gesund werde? Wenn wir die Klimakatastrophe doch noch abwenden? Hoffnung hilft leben. Wer hofft, glaubt an die Möglichkeit der Veränderung – trotz allem.

Doch dann ist da noch die Schuld- und Verantwortungsfrage. Kaum jemand gesteht freimütig ein, mit seinen Entscheidungen, mit seinem Lebensstil unmittelbar mitschuldig zu sein an der Katastrophe, die sich immer deutlicher am Horizont abzeichnet. Da schaut man lieber weg. Der Schuldige ist immer der andere: Die da sind es doch, die zuerst umsteuern sollten. »Die da oben«, die die politischen Weichen stellen und den Menschen Hoffnung machen mit wolkigen Versprechungen.

Die Industrie- und Energie-Unternehmen, die selbst angesichts der schlimmsten humanitären Krisen – Krieg, Gewalt, Hunger – öffentliche Fördergelder wie Kurzarbeitergeld und Tankrabatte in private Gewinne verwandeln. »Die da« sind es doch, die die Klimakatastrophe aufhalten müssten. Und sie tun ja auch so: schreiben Dekarbonisierungsprogramme, versprechen Fortschritt durch Technik. Welchen Fortschritt meinen sie? Was können wir hoffen? Hauptsache, die Verantwortung verschieben.

Die ökonomischen und politischen Systeme haben sich festgefahren in ihren Routinen. Aus Opportunismus? Dummheit? Ratlosigkeit? Naivität? Oder aus Gier? Weil sie wissen, dass es ihnen an den Kragen geht, aber noch mehr wissen, wie sie ihren Hals retten können? Im Spannungsfeld zwischen notwendiger Stabilisierung und zwingender Veränderung bleiben die Systeme im Zwischengeschoss des Umbaus hängen. Eine hoffnungslos verfahrene Dauerbaustelle, die Milliarden verschlingt und in ihrer Ineffektivität erschreckt.

Nicht nur, weil die Menschheit hier endlos viel Geld verbrennt, sondern weil ihre Zeit abläuft. Ein »dystopischer Schock«, schreibt Thomas Assheuer in der *Zeit*. Ein Schock, weil »die Menschheit plötzlich mit der eigenen Endlichkeit konfrontiert ist. Die Erde setzt uns eine Frist. Die Zeit ist nicht endlos, und das ist eine neue Erfahrung für den Menschen. Spielt die Natur nicht mehr mit, verlieren alle Fortschrittserzählungen jedes Fundament.«[32] Heißt kein Fortschritt keine Hoffnung?

»Vergesst die Hoffnung«, ruft Baruch de Spinoza den Menschen zu. Er ist der Erste, der das mittelalterliche Gottesgebot der Hoffnung nicht mehr gelten lässt. (Hoffnung galt als christliche Kardinaltugend und der Zweifel als Sünde: Wer *nicht* auf das von Gott Verheißene hoffte, wer zweifelte, sogar verzweifelte, der glaubte nicht.) Der freie Mensch ist für Spinoza frei von Furcht und eben auch von Hoffnung: »Je mehr wir daher streben, nach der Leitung der Vernunft zu leben, desto mehr suchen wir, von der Hoffnung unabhängig zu sein, von der Furcht uns zu befreien, das Glück, soviel wir vermögen, zu beherrschen und unsere Handlungen nach der sicheren Weisung der Vernunft zu regeln.«[33]

Denken, handeln – statt nur hoffen. Die Ängstlichen werden erwidern, dass, wer nicht hofft, die Zukunft aufgibt, keine Pläne mehr macht, seine eigene Fantasie erstickt. Aber stimmt das?

Haben Spinoza und der jüngere Aufklärer Immanuel Kant nicht recht, wenn sie sagen, dass die einzige Möglichkeit, mit unseren Gefühlen umzugehen, und erst recht mit denen, die uns überwältigen, die Auseinandersetzung mit ihnen sei? Nicht vor ihnen wegzulaufen, sondern sich zu stellen, sich den Gefühlen zu stellen, sich der Angst zu stellen, damit sie uns nicht beherrscht, sondern wir sie?

Das Denken, das Nachdenken, das Argumentieren und Gegenargumentieren, das Konstruieren und Dekonstruieren, auf das Vernünftige setzen, ohne das Emotionale aufzugeben – ist das nicht die Grundlage für das Überleben des Menschen in dieser Welt? Für seine Lebensmöglichkeit?

Die Lebensmöglichkeiten des Menschen gehen zu Ende. Sie gehen zu Ende in einer Welt, die der Mensch zerstört. Er trägt die Verantwortung, weil er die vermeintlich unendlichen Füllhörner der natürlichen Ressourcen der Welt so ausgekratzt hat, dass diese in absehbarer Zeit kein Ort mehr für menschliches Leben sein könnte. Oder doch? Was wäre Hoffnung angesichts dieser Lage?

Vielleicht dies: »Dass es den Kindern und Enkeln gelingt, den Müll ihrer ruhmreichen Vorfahren zu beseitigen und eine Lebensweise zu erschaffen, die gerecht ist und dem enthemmten Weltverbrauch ein Ende setzt.«[34]

Hoffen können wir. Besser aber: tun.

IV

Auswege

Worauf es jetzt ankommt

Aus der Traum

Schreckliche Dinge passieren in unmittelbarer Umgebung. Es ist Krieg. Menschen verhungern. Kinder arbeiten für Hungerlöhne. Der Klimawandel entzieht uns Menschen die Chance, auf dieser Erde zu leben.

Während ich dies schreibe, denke ich: Bin ich Kulturpessimist? Depressiv? Habe ich eine gestörte Beziehung zur Apokalypse? Oder übertreibe ich die Gefahr? Aber was ist, wenn etwas dran wäre? Warum reagieren wir dann nicht? Warum handle ich nicht genug? Und ich weiß, dass es nicht genug ist. Wie viele andere Menschen engagiere ich mich, spende ich, unterschreibe Aufrufe, und trotzdem: Es ist nicht genug, es ist eigentlich nicht der Rede wert. Nichts davon tut wirklich weh, nichts davon ändert meine Vermögensverhältnisse, nichts davon ist wirklich ein Opfer, so viel mehr wäre möglich. Meist ist es reaktiv, oft ist es schon fast zu spät. Und warum nicht mal mehr, prophylaktisch? Vorausdenkend?

Stattdessen diskutieren wir ein wenig miteinander, bitte nicht zu viel, über unsere Ängste. Über unsere Sorgen. Über unsere Befindlichkeit. Über unsere Überforderung. Über all diese Zumutungen; die groß sind und größer werden, die wir gern los wären, die wir verdrängen wollen. Nach hinten schieben, damit sie unser Leben nicht verderben, das kurz ist und, ehe man sich's versieht, vorbei.

»Wir können nicht die ganze Welt retten«, sagen wir. »Die Probleme sind Tausende Kilometer von uns entfernt«, sagen wir. »Es ist doch alles so kompliziert«, sagen wir. »Was kann denn der Einzelne schon gegen all das tun?«, sagen wir. Dabei wissen wir genau, dass das, was wir sagen, zwar ein wenig stimmt, aber nicht ganz. Eher nicht. Trotzdem reden wir lieber über den nächsten Geburtstag und Fußball, über die Sommerferien und die nächste Lohnerhöhung.

Müssen wir uns damit abfinden, dass der Mensch, jedenfalls solange es ihm ein wenig gut geht, immer belastungsunfähiger wird? Was ist nur mit uns los? Wo ist unsere Empathie geblieben? Was ist los mit unserem Lebensinstinkt, mit unserem Überlebensinstinkt? Mit unserem Wunsch und unserer Hoffnung, dass es unseren Kindern und Enkelkindern einmal besser gehen soll als uns selbst? Und dass wir trotzdem auch an andere denken können, fühlen können, dass es Menschen gibt, die unsere Hilfe brauchen, mittelbar und unmittelbar – sind das alles nur noch Floskeln?

Nicht auszuhalten, wenn es so wäre. Also wieder verdrängen, uns entlasten. »War es jemals anders?«, fragen wir. »Besser?«, fragen wir. »Waren die Menschen nicht immer schon Barbaren?« und »Ist die Zivilisationsdecke nicht immer schon sehr dünn gewesen?« und »Sind Menschen, die klüger, sensibler, engagierter sind als wir, besser vorbereitet, wenn das Unheil auf sie zukommt?«.

All das fragen wir, und all diese Fragen haben eine Berechtigung. All das entlastet uns in unserer Gegenwart jedoch nicht. Wir tragen die Verantwortung für unser Leben. Und auch für das der anderen. Schließlich geht es um Handeln, Entscheiden und Verantwortungtragen. Es geht um die Überwindung der Trägheit, die in uns steckt und die uns daran hindert, all diese Schwierigkeiten auf uns zu nehmen, Risikobereitschaft zu stärken. Ich will mich da gar nicht ausschließen. Auch ich schaue viel zu wenig hin, ignoriere die Spuren der Aggressionen, das Geschrei und die Gewalt im Haus nebenan, übersehe die Risse in den Fassaden.

Je länger wir nicht hinschauen, desto weniger sind unsere Sinne und unser Intellekt geschärft, Signale zu erkennen. Der Muskelkater steht vor der Tür, sobald wir uns bewegen. Und selbst wenn wir Signale sehen – viele wissen kaum mehr mit ihnen umzugehen. Viele sind zu wenig darin geübt, Lösungen zu suchen, zu finden und umzusetzen, die uns kurzfristig anstrengen, uns aber mittel- und langfristig ein besseres Leben ermöglichen.

Stattdessen zittern wir vor der Angst. Das Zittern machen wir zur Scheinbegründung unserer Handlungsunfähigkeit. Es ist eine eingebildete Entlastung, die letztendlich zur Lähmung führt. Doch nur, wenn die Angst weicht und das Denken seinen berechtigten Platz wiederfindet, sind Lösungen entwickelbar. Und sie können, wenn auch meist nur langfristig, zu einer realen Entlastung werden.

Realitäten anzunehmen, statt sich in gewünschten, imaginierten Nichtrealitäten zu verstecken, ist die Voraussetzung dafür, dass Menschen Lösungen finden. Auch wenn sie nicht befriedigend sind, sind sie immer noch besser als alle angebotenen Scheinlösungen oder keine Lösung. Irgendwann ist es dann auch zu spät.

Ein gesellschaftspolitischer Raum, der sich mehr und mehr mit angstbelebten Menschen füllt, ist die große Bedrohung für unsere Gesellschaft. Angstbelebte Menschen ziehen Populisten an, so wie Populisten sie anziehen. Deren Strategie, sich den Krisen dieser Welt nur scheinbar zu stellen, führt zum Stillstand. Bestenfalls. Glaube wird dann schnell zum Aberglauben. Zur vernichtenden Aggression. Schlimmstenfalls. Der Soziologe Heinz Bude schreibt: »Wer von Angst getrieben ist, vermeidet das Unangenehme, verleugnet das Wirkliche und verpasst das Mögliche.«[1]

Aufwachen

Die einzige Möglichkeit, die Angst zu überwinden, bieten die Vernunft, der Verstand, das Nachdenken, das Analysieren. Lösungsoptionen abwägen. Die Lösungen A bis Z durchdenken, bei denen zwar das *Worst-Case*-Szenario der Angst mitgedacht werden muss, aber eben auch alle anderen Szenarien, wie der *Worst Case* verhindert werden kann. Und zu lernen, dass das *Second-Worst*-Szenario auch schon ein Erfolg ist.

Angst muss in Denken transformiert werden. Ohne diese Transformation, den aktiven Denkprozess, die Reflexion werden wir angstgesteuert eher die falsche Entscheidung treffen. Deshalb ist es falsch, wenn wir versuchen, Menschen die Angst zu nehmen, indem wir sie mit Beruhigungsformeln beschwichtigen: »Es wird schon nicht so schlimm werden.« – »Die Welt ist nicht so chaotisch, wie du glaubst.« – »Es ergibt keinen Sinn, sich über Dinge aufzuregen, solange sie nicht da sind, Energieverschwendung.«

All diese Formeln sind gut gemeint. Nicht immer überzeugend. Das müssen sie auch nicht sein. Die Sehnsucht nach Trost ist eine emotionale Sehnsucht.

Zwar wäre es schön, wenn die Beruhigungswünsche wahr werden könnten. Dabei wissen alle Beteiligten, dass dieser Trost nur den Schmerz lindern, die Enttäuschung nur auffangen, die Gefahr nur relativieren und verschieben kann. Man mag die verbalen Trostpflaster kritisch sehen. Aber könnte der Mensch ohne Trost, also trostlos leben? Seine Angst überleben?

»Der durchaus nicht einwandfreie Ruf von Trost liegt in dem Verdacht, er könne immer bloß manipulativ oder Ablenkungsmanöver sein, siehe: Trostpflaster«, schreibt die Essener Kulturwissenschaftlerin Hannah Engelmeier. »Wem ist eigentlich damit geholfen? Dem Kind, dessen Wunsch nach einem Pflaster erfüllt wird, oder vielleicht vor allem der Person, die ihm das Pflaster aufklebt und sich den Wunsch erfüllt, tröstlich zu sein?«[2]

Was aber, frage ich, wenn es sich um große Verletzungen handelt? Was aber, wenn es sich nicht um ein Kind handelt, sondern um einen Erwachsenen, der unterscheiden kann zwischen Placebo-Pflaster und dem, was wirklich notwendig wäre, um die Wunden, um die Angst zu heilen? Ist Angst überhaupt heilbar? Und wie wäre es, den Trost neben positiven Wahrsagungen auch mit Argumenten zu bedienen?

Und schließlich: Ich verstehe das Bedürfnis nach Trost. Wenn Trost aber zu einem Narkotikum wird, bleibt nicht nur der Schmerz, sondern wird zudem das Versprechen einer Heilung gebrochen. Das erzeugt hohe Frustration und Enttäuschung. Deswegen sollten gerade in der Politik und im öffentlichen Raum solche Trostpflaster nur angeboten werden, wenn sie tatsäch-

lich zu einer Veränderung führen. Der Vertrauensverlust, der entsteht, wenn BürgerInnen merken, dass
es sich nur um heiße Luft gehandelt hat, ist groß. In
Wiederholungsfällen für Politik und Demokratie
gefährlich.

Zweifeln

Vielleicht kann der Zweifel als Lebensbegleiter das Unerwartete antizipieren. Vielleicht ist der Zweifel die einzige Möglichkeit, alles denkbar werden zu lassen. Ist nicht der Zweifel die Voraussetzung, um Grenzen zu überschreiten, Grenzen des Wissens, Grenzen der Macht? Vielleicht stünden wir nicht so unverhofft vor dem Undenkbaren, wenn der Zweifel einen besseren Ruf hätte.

Dass er ihn nicht hat, liegt daran, dass er Menschen wie auch deren Konzepte infrage stellt. Die Frage »Warum?« impliziert, Machtsysteme infrage zu stellen. Wie oft haben wir schon erleben können, dass sie Emanzipationsbewegungen in Gang gesetzt hat, die zu neuen Lebensentwürfen geführt haben. Zumindest in der Demokratie zwingt das kleine Wort »warum?« die Macht, mit einem »weil« zu arbeiten. Und oft wird deutlich, dass das »weil« nur eine ungenügende oder auch gar keine Antwort liefern kann.

Je mehr wir uns mit dem Undenkbaren auseinandersetzen und das Denkbare dekonstruieren, desto weniger Angst müssen wir davor haben. Uns darum zu bemühen, aus dem Undenkbaren etwas Denkbares werden zu lassen, denken zu lernen, zu zweifeln, um wieder anzufangen, an einem anderen Anfang, mit einer anderen Perspektive, ist ein Weg, um aus der Angst, der Unwissenheit zivilisatorisch humanistische Wissenselemente entstehen zu lassen. Das ist auch die Grundlage der Wissenschaften.

Ich plädiere für den Zweifel, für die Ambivalenz, für die Ambiguität. Für dies alles Verständnis zu schaffen stößt bei denjenigen an Grenzen, die von sich behaupten, sie wüssten und verstünden, wie diese Welt war, ist und sein wird. Es ist der Typus Mensch, der in Ideologie und Ismen lebt, der den Zweifel nicht zulässt, weil er den Inhalt nicht infrage stellt und auch nicht den Absender und auch sich selbst nicht.

Doch es bleibt uns nichts anderes übrig, als immer wieder unsere Vorannahmen, unsere Vorbehalte, auch unsere Wertvorstellungen in Zweifel zu ziehen und neu zu überprüfen. Es stehen Entscheidungen an, die hohe Kosten oder dramatische Konsequenzen in sich tragen. Entscheidungen, die, wenn wir ihnen weiter aus dem Weg gehen oder sie falsch treffen, unsere Existenzgrundlage infrage stellen. Die Lage ist ernst. Sie macht Angst.

Niklas Luhmann – an diesen Gedanken knüpft Heinz Bude an – »erkennt in der Angst das vielleicht einzige Apriori moderner Gesellschaften, auf das sich alle Gesellschaftsmitglieder einigen können. Sie ist das Prinzip, das absolut gilt, wenn alle Prinzipien relativ geworden sind.«[3] Angst gehört dazu.

Und Zweifeln ist wunderbar. Aufregend. Lebensrettend. Lebensnotwendig. Das Fragezeichen so viel aufregender als das Ausrufezeichen. Wer Selbstzweifel zulässt, vertraut sich. Wer dies nicht tut, hat Angst vor sich selbst – nicht Angst vor dem Zweifel. Dass der Zweifel auch gefährlich sein kann, Ängste erzeugen kann, an scheinbaren Gewissheiten kratzen kann, an Gemeinsamkeiten, am Wir, ist zweifellos richtig. Und trotzdem ist das Zweifeln unverzichtbar.

»Zweifle nicht an dem, der dir sagt, er hat Angst«, sagt Erich Fried. »Aber hab' Angst vor dem, der dir sagt, er kenne keinen Zweifel.«⁴ Dass manche Menschen zu wissen glauben, wie diese Welt ist, wie diese Welt sein soll, wie diese Welt sein muss – das macht mir Angst.

Ich habe Angst vor denen, die behaupten, dass sie die Wahrheit kennen. Ich habe Angst vor denen, die behaupten, Glauben sei mehr als Wissen. Ich habe Angst vor denen, die nur an das Wissen glauben, aber die Gefühle nicht berücksichtigen. Ich habe Angst vor denen, die die Emotionen in den Vordergrund stellen, ohne sie durch das Denken erklärbar werden zu lassen. Ich habe Angst vor denen, die das Denken verachten, die das Wissen, die Tatsachen, die Fakten zynisch mit Füßen treten.

Ich habe Angst vor denen, die andere Menschen zu ihren eigenen Zwecken verführen; die vor allem die Menschen ködern, die zweifeln, die Angst haben und sich hoffnungsvoll mit einer Scheinmedizin abspeisen lassen, die Lebensruhe und Frieden verspricht – dies auf Kosten anderer, die als Feindbilder und Sündenböcke dienen und deren Vernichtung als Lösung aller Probleme angeboten wird. Hört das nie auf?

Vertrauen

Wie viele Gefahren stecken in der Zukunft? Wie viel Kontrollverlust? Der Mensch mag die Zukunft konstruieren, sie imaginieren, sie voraussagen, sie planmäßig angehen, aber letztendlich sind das alles nur hilflose Konstruktionen. Sie können nicht berücksichtigen, was an Veränderungen, unerwarteten Fortschritten in der Zukunft Realität geworden sein wird. Die Zukunft »planen« zu wollen bedeutet, das Chaos des Seins zu verschieben und zu verdrängen. In letzter Instanz auch den Tod, auch den eigenen.

Andererseits darf uns das nicht daran hindern, die in der Gegenwart gesammelten Erkenntnisse in Handeln zu transformieren, sie zu konkretisieren, sie dynamisch werden zu lassen. Dass die Zukunft in all ihren Facetten nicht wirklich vorhersehbar ist, darf uns nicht lähmen. In der Gegenwart der jeweiligen Sekunde werden die Entscheidungen oder auch Nicht-Entscheidungen die Verantwortung sein, auf die man uns in der Zukunft ansprechen wird. Das gilt für alle großen politischen Themen.

Wird der Mensch auf der Erde nicht mehr lebensfähig sein? Werden wir hungern müssen? Wir, die

Spezies Mensch, untergehen? Wird es einen Atomkrieg geben? Oder, vielleicht doch: Werden unsere Kinder es besser haben als wir? Wird es eine soziale Gerechtigkeit für mehr Menschen geben als bisher? Und werden Diktatoren und Aggressoren wieder zurückgedrängt werden können?

Das Vertrauen in die Zukunft schwindet – ist geschrumpft, verblasst. Das Vertrauen in sich selbst, in die Gesellschaft, in ihre Eliten. Das Versprechen, das nach dem Zweiten Weltkrieg, insbesondere nach dem Ende der Sowjetunion, im Europa der Demokratien als Überschrift allen Handelns formuliert wurde: »Es geht euch gut! Ihr seid sicher! Ihr lebt in einem Wohlfahrtsstaat! Ihr lebt in einer Demokratie! Ihr lebt im Frieden!«

Immer mehr Irritationen und Erschütterungen, sowohl in Deutschland als auch jenseits unserer Grenzen, führen zu einer diffusen Wahrnehmung und Bewertung der Gegenwart und der Zukunft und dem deutlichen Empfinden, dass diese Versprechen bröseln. Wenn dies aber der Fall ist, dann wächst die Angst. Dann kommen die Erinnerungen des 20. Jahrhunderts und der Jahrhunderte davor zurück.

Seuche, Krieg, Inflation, Weltwirtschaftskrise. Lange vergessene Stichworte sind wieder präsent und machen Angst. Unser kommunikatives Gedächtnis, die Weitergabe von persönlichen Erfahrungen erinnert uns, die Familienerzählungen dreier Generationen kommen wieder zum Vorschein.

Nationalismus. Krieg. Hunger. Elend. Reaktionäre Impulse sind nicht mehr nur längst überholte und bewältigte Vergangenheit, sondern tauchen in der Gegenwart auf und werden zu einer potenziellen Realität der Zukunft. Die Parteien, die derartige Perspektiven ausmalen, bekommen Zustimmung und Zulauf. Sie sind, wie schon gesagt, bereits in einigen Ländern Europas – Ungarn, Polen, Italien, Schweden – an die Regierung gewählt worden. Sie wurden demokratisch gewählt und zerstören nun undemokratisch demokratische Prinzipien und Institutionen wie die EU – die klare Rechtsstaatlichkeit, den menschlichen Umgang mit Minderheiten.

Viele Menschen in Europa nehmen das Versprechen der Staaten, sich um die Infrastruktur zu kümmern, um Fragen der Gerechtigkeit, der Sicherheit, der Freiheit, nur noch als wenig glaubhaft wahr. Als Vertrauensbruch. Sie interpretieren diesen Bruch für ihre Zukunft als existenzielle Bedrohung.

Bisher waren Menschen daran gewöhnt, dass man sich um sie kümmerte, wenn sie schwach waren oder Hilfe brauchten. Jetzt sehen sie, dass der Staat ihnen nicht mehr überall zur Seite steht, dass er an seine Grenzen stößt; dass sie sich mit weitaus mehr Eigenverantwortung um ihre existenziellen Bedürfnisse kümmern müssen, dass die Zeiten, in denen die Eigenverantwortung delegiert werden konnte, vorbei sind; dass sie wieder lernen müssen, dass Freiheit mit der eigenen Verantwortung untrennbar verknüpft ist; dass das Sich-um-sich-selbst-Kümmern die Regel, das Normale, das Leben bedeutet.

Nicht nur die Energiekrise fordert genau das aus uns heraus. Selbstverständlichkeiten wie gut geheizte

Wohnungen werden infrage gestellt. Der Tank ist leer? Dass die nächste Tankstelle mit frischem Treibstoff wartet, ist nicht mehr sicher. Und wenn, dann ist er sehr teuer. Energie, bisher eine Selbstverständlichkeit, auch für die Industrie, wird zu einem kaum lösbaren Problem. Und die Politik ruft nach Eigenverantwortung. Es macht Angst, weil die Selbstverantwortung oft nicht gelernt ist. Und auch anstrengend ist; weil Prozesse so bürokratisch und abstrakt sind, dass oft unklar bleibt, was konkret zu tun ist. Und weil man kritisch, überkritisch feststellen muss: Verwaltung und Bürokratie können auch das Krebsgeschwür der Demokratie werden. Das Versprechen, die Bürokratie abzubauen, ist so alt wie das Nichterfüllen dieses Versprechens. Hier ist die Zuordnung der Verantwortlichkeit eindeutig: die Politik. Sie ist seit Jahrzehnten dafür verantwortlich, dass immer mehr Bürokratie entsteht.

Das Paradoxon: Seit Jahrzehnten entwickeln wir uns in Freiheit, definieren Freiheit als das größte Menschenrecht. Wenn Freiheit aber da ist, überfordert sie uns. Wenn wir sie mit ihrem Zwillingsbegriff – Verantwortung – ergänzen, dann erzeugt sie Angst und Ablehnung, begünstigt Misstrauen. Freiheit wollen viele. Verantwortung wollen wenige. Diese Diskrepanz ist für die Demokratie existenzbedrohend.

Denn so wächst dem Staat und seinen Repräsentanten mehr Macht zu, mehr Einfluss, mehr Möglichkeit, unsere Gesellschaft zu gestalten. Auf der anderen Seite schrumpft die Dynamik dessen, was Demokratie lebendig hält: dass Bürgerinnen und Bürger sich in

Gedanken- und Entscheidungsprozesse einmischen, dass sie mitreden, mitdenken, mithandeln.

Wer misstraut, klammert sich an selbstreferenzielle Informationen. Misstrauen ist Abwehren, Abwehren von Wissen, Abwehren von Wissenschaft, Abwehren von Reflektieren, Verstehen. Misstrauen ist ein emotional destruktiver Zustand, der in der Regel Angst, Neid, Eifersucht beinhaltet.

Misstrauen öffnet die Tür für Populisten, die den Misstrauischen hinterherlaufen und ihnen sagen, dass sie noch viel zu wenig misstrauisch sind, dass die anderen daran schuld sind. Immer die anderen, nie sie selbst; dass nur die Angst vor den anderen sie schützt.

Misstrauen öffnet die Tür zu Verschwörungstheorien. Nichts ist, wie es scheint, niemand sagt die Wahrheit. Hinter alledem muss doch eine Person, eine Gruppe stehen. Alle anderen sind doch nur Marionetten, die an unsichtbaren Fäden hängen, die von noch unsichtbareren Mächten gehalten werden.

Die bereits im Christentum angelegte Angst vor den Juden als Repräsentanten des Bösen ist für den Misstrauischen, den Verschwörungsideologen, den Populisten der letzte Strohhalm. Doch der rettet nichts. Er schmälert die Angst nicht, sondern der irrationale Glaube wird nur verstärkt.

Diejenigen, die in einer derartigen Angst leben, haben oftmals das Gefühl, nie im Schlaraffenland gelebt zu haben, die Eintrittskarte für das Paradies nie in der Hand gehalten zu haben. Der Wohlfahrtsstaat steht in ihrer Vorstellung nur den Schlaraffenländern zur Verfügung, ihnen nicht. Er hat sie vergessen, ab-geschrieben, so glauben sie.

Zwar ist Vertrauen, wie Georg Simmel sagt, »als Hypothese ein mittlerer Zustand zwischen Wissen und Nichtwissen«.[5] Das Vertrauen ist gegenüber dem Misstrauen fundamental. In ihm steckt die Idee des Wissens und die Erkenntnis der Beschränktheit dieses Wissens, mit der Gewissheit und nicht mit der Angst besetzt, dass das Wissen mehr werden wird. Und die, die nicht wissen, weniger. Mahatma Gandhi wird die Aussage zugeschrieben: »Misstrauen ist ein Zeichen von Schwäche.«

Ich halte Vertrauen für ein Zeichen der Stärke. Ver-trauen ist die Grundlage von sozialen Begegnungen und Gruppenbildungen. Blindes Vertrauen ist damit nicht gemeint. Wo Misstrauen ist, herrscht die Angst – wo Vertrauen ist, die Zuversicht.

Streiten

Sage keiner, er habe es nicht gewusst. Wir sind die Zeugen unserer Zeit. Und werden bald Zeitzeugen sein. Man wird uns fragen. Man wird uns verantwortlich machen, so wie wir die Generationen vor uns gefragt und verantwortlich gemacht haben. Es macht mich traurig, dass es viele Menschen nicht glücklich macht, in Freiheit, Gerechtigkeit, Demokratie und Frieden zu leben, dass viele Menschen nicht begreifen, dass dies ein Privileg ist, um das sie Millionen Menschen in der Welt beneiden, die in Diktaturen nur träumen dürfen von all dem, was für uns Alltag ist.

Aber ist dieses Privileg nicht auch Verpflichtung? Diese Demokratie fortzuentwickeln, sie zu verhandeln, sich zu streiten? Was bedeuten die demokratischen Werte im 21. Jahrhundert? Diese Verhandlung retardiert seit über zwei Jahrzehnten.

So viele junge Menschen, so viele Menschen, die nach Deutschland gekommen sind, die an dieser Verhandlung bislang noch nicht teilnehmen konnten, ausgeschlossen waren, schreien nach Partizipation. Es macht mich traurig, wie wenig Lust und Sehnsucht Menschen haben, zu streiten. Zu denken. Vor-zu-denken. Nach-zu-denken. Ideen zu entwickeln. Thesen zu entwickeln. Fantasien freien Lauf zu lassen. Gefühle in Worte umzusetzen, Argumente zu suchen. Gegenargumente zu finden. Konflikte auszuhalten, sich zu engagieren. Etwas zu tun. Irgendetwas zu tun. Nicht zu schweigen. Aufzustehen. Sich mit denen zu verbinden, die es tun, die aufstehen. Das Politische ist unverzichtbar. In unserer Gegenwart werden die Weichen gestellt. Werden wir die verlorene Zeit noch aufholen können?

Seit mehr als drei Jahrzehnten und zwei Generationen wird alles, was Angst macht, was das Lebensgefühl stört, was das Glück schmälert, was der Bequemlichkeit im Wege steht, entsorgt. Statt mit Angst umzugehen, sich ihr zu stellen, dort, wo sie eine konkrete Bedrohung anzeigt, wo der Mensch in seiner Furcht Instrumente entwickeln müsste, um Probleme und Bedrohungen in den Griff zu bekommen, wird heute, erst recht im politischen Raum, die Kreditkarte gezückt.

Deutschland, Versicherungsland. Deutschland, Wohlfühlland. Deutschland, Schlaraffenland. Jedenfalls für über 83,4 Prozent der Bevölkerung.[6] Wir vermeiden die Eklats. Wir kommen uns nicht zu nah, nennen diese Haltung »Leben und leben lassen«.

Im 21. Jahrhundert ist diese Haltung per se nicht falsch. Doch wenn wir uns nicht endlich da, wo es nötig ist, doch nahekommen, sehr nahe, in einer zivilisierten Streitkultur miteinander reden, werden wir keine Lösungen finden. Wir denken, dass wir uns kultiviert streiten. In Wirklichkeit tun wir meist nur so als ob.

»Sprechen und Handeln galten als gleich ursprünglich und einander ebenbürtig«, formulierte die Philosophin Hannah Arendt, »und dies nicht nur, weil ja offenbar alles politische Handeln (...) sich durchs Sprechen vollzieht, sondern auch in dem noch elementareren Sinne, dass nämlich das Finden des rechten Wortes im rechten Augenblick (...) bereits Handeln ist. Stumm ist nur die Gewalt.«[7] »Vielleicht ist in Vergessenheit geraten, dass ohne triftige Beschreibungen, ohne wahrhaftiges Sprechen, ohne demokratisches Vokabular kein Handeln möglich ist«, kommentiert Carolin Emcke heute.[8]

Auch Aktivismus ist Handeln. Wenn dann die Proteste aus dem Rahmen fallen, aufsässiger werden, sogar Gesetze übertreten wie bei den Aktionen der »Letzten Generation«, dann reden wir zwar – reden über Sanktionen und rechtliche Konsequenzen; reden darüber, wie wenig legitim »ziviler Ungehorsam« ist. Wir reden so lange, damit wir nicht mehr über die Radikalität der Inhalte und Forderungen sprechen müssen.

Gestritten wird nur scheinbar kultiviert. Selbst die, die sich für diejenigen halten, die diesem Land wieder Streitkultur schenken, streiten nicht wirklich. Tatsächlich schreien sie, brüllen sie, verkünden sie, monologisieren sie, beleidigen sie. Sie wissen alles immer besser. Als die anderen. Sie repräsentieren die Wahrheit. Und wer die Wahrheit repräsentiert, diskutiert nicht mit denen, die sie noch nicht haben, sondern versucht sie ihnen aufzudrängen, schlimmstenfalls mit Gewalt. Die Extremisten, die Radikalen erobern den öffentlichen Diskursraum wie noch nie zuvor.

Wie streiten, wie diskutieren mit Menschen, die Fakten als »Fake« und Nachrichten als »Lügen« bezeichnen und ihre Lügen zu Fakten verdrehen? Wie mit Menschen in einer Gesellschaft leben, wenn sie Hass, wenn sie Vorurteile, wenn sie rassistische Narrative als die Grundlage ihres Denkens und die Vorlage einer neuen Gesellschaft propagieren? Hass ist keine Meinung, sondern nichts anderes als nackte und brutale Gewalt. Wie mit verbaler und tatsächlicher Gewalt umgehen? Ausweichen? Weggehen?

Bei ihr zu bleiben, bei der Angst, bei der Gewalt, würde mir die größte Angst machen. Das ist destruktive Gewalt. Wir brauchen konstruktiven Streit.

Demokratie lebt von Streit. Streit ist der Sauerstoff der Demokratie. Sie lebt von einer Streitkultur, die Mindestregeln formuliert, die Anerkennung der Streitenden untereinander. Die Neugier. Streiten bedeutet nicht, recht zu haben, und es bedeutet auch nicht, den Streit auszuüben, um recht haben zu müssen. Streiten braucht die Anerkennung von Fakten und Tatsachen. Eine Lüge, die als Tatsache verpackt wird, bleibt eine Lüge. Streiten bedeutet zuhören. Nachdenken. Zulassen. Aufeinander eingehen. Streit braucht keinen Mut. Streit muss geübt werden, damit nicht beim ersten Streit schon ein Muskelkater schmerzt, der handlungsunfähig macht, der uns zurücktreibt ins Schlaraffenland der Gleichgültigen.

Streiten bedeutet vor allen Dingen die Anerkennung aller Menschen im Streitraum. Sie ist die Grundvoraussetzung, denn Anerkennung an sich ist in unserer modernen Denkwelt in den Menschenrechten beschrieben. Sie ist deshalb nicht verhandelbar, weil schon in der Verhandlung deutlich würde, dass einige Menschen sich anmaßen, andere Menschen als Untermenschen brandmarken zu wollen. Dieser Ansatz ist die Contradictio der Menschenrechte.

Wir müssen streiten. Streiten ist Lust, ein Vergnügen. Herausforderung. Eine Chance zum Lernen, zum Dazulernen. Streiten ist eine Technik, nicht ein Inhalt. Streit ist ein Regelwerk, das dazu befähigt, Inhalte in ihrer Pluralität, in ihrer Widersprüchlichkeit, Argumente in ihrer Logik, in ihrer Stringenz in einem freien Raum zu verhandeln und sich dabei einig zu sein, dass in diesem Streit bereits die nächsten Streitigkeiten stecken. Streit ist unendlich, unerschöpflich, manchmal erschöpfend.

Streit ist ein Miteinander, nicht ein Gegeneinander. Ein guter Streit ist wie ein gutes Konzert ohne Dirigent. Die Solisten sind gut vorbereitet, haben geübt, können harmonisch mit ihren Instrumenten mehr Miteinander schaffen, als ein Solo entstehen lassen könnte. Dabei muss das eine oder andere Instrument bereit sein, von Zeit zu Zeit zurückzutreten, um dann wieder nach vorne zu gehen, den Klang deutlicher zu machen, sich aber auch dort anzupassen, wo es merkt, dass ein anderes Instrument wirksamer wird.

Sich miteinander beim Streiten zu begleiten, mehr Sehnsucht zu haben, dass das Argument des anderen wirksamer ist als das eigene, weil nur dadurch die eigene Entwicklung möglich ist, aber auch Dissonanzen zu ertragen, sie stehen zu lassen, sie mitzunehmen in den nächsten Streit, all das sind die wunderbaren Möglichkeiten, die der Streit schenkt. Dagegen sind Schweigen und Brüllen armselig. Jedenfalls immer ein einsamer Prozess.

Verzichten

Bequemlichkeit ist ein Grundbedürfnis des Menschen, das die Ökonomie maximal bedient und ausbeutet. Die Explosion der Dienstleistungsgesellschaften, also des tertiären Sektors seit den 1980er-Jahren, hat nicht nur zu einer Schlaraffenland*mentalität* geführt, sondern zu einer Schlaraffenland*realität*, die uns bis heute umgibt. Mit Amazon und all unseren Lieferandos erleben wir einen Höhepunkt (oder einen Tiefpunkt) der Bequemlichkeit. Gemütlich, ohne großen Aufwand, im kleinen Schlaraffenland der vier Wände – und dabei ist es nicht entscheidend, wie großflächig diese sind – bestellen wir uns mit einem Minimum an Aufwand alles, was wir vermeintlich konsumieren wollen.

Das Schlaraffenland der eigenen vier Wände, die Bequemlichkeitszone mit der gewünschten und bestellten Menükarte zu der gewünschten und der bestellten Serie zu der gewünschten und bestellten Tinderei, diese Anmutung von Selbstbestimmung und Schutzraum feierte – bei denen, die es sich leisten konnten – während der Pandemie ihre Hochkonjunktur. Und wirkt bis heute.

Waren im 19. und 20. Jahrhundert noch die großen Warenhäuser Orte der Verlockung, der Begegnung, der Ausbruch aus der Isolation, in denen Menschen ihre Selbstbeherrschung verloren, in Überfluss schwelgten, Luxus kauften, so ist dieser Ort der Konsumträume heute gleich das eigene Bett. Das Sofa. Die Badewanne.

Hier ist Selbstbeherrschung scheinbar nicht mehr notwendig: Ich kann jedem Kaufimpuls folgen, und niemand merkt's. Hier klicken, da bestellen, ich kann alles haben, was ich will. Sofort. Warten und sparen? Nicht notwendig: Ratenzahlung. Noch einmal nachdenken? Geht nicht, PIN schon eingegeben. Passt der Kauf wirklich mit meinen Wünschen und Plänen zusammen, langfristig? Keine Sorge: Retoure.

Selbstkontrolle, Selbstbeherrschung sind scheinbar immer weniger gelernt, werden offensichtlich immer weniger eingeübt. Wer die eigenen Impulse nicht kontrollieren kann, der kann auch nicht verzichten. Das archaische Belohnungssystem unseres Gehirns trickst den präfrontalen Cortex immer häufiger aus. Je mehr wir unter Stress stehen, je mehr wir uns in unseren digitalen Schlaraffenländern selbst um den Schlaf gebracht haben, je mehr Angst wir haben, desto mehr werden wir zum Sklaven unserer eigenen Impulse, desto unfähiger sind wir, zu verzichten. Das ist es, was uns in einer Zeit des notwendigen Verzichts so inkompetent macht.

In den Corona-Jahren mussten wir zwar auf reale Dienstleistungen verzichten, auf die Nähe zu anderen Menschen; darauf, unser Gesicht zu zeigen. Kaum auszuhalten für viele, aber eigentlich nicht gravierend. In den Ukraine-Kriegsjahren müssen wir auf Bequemlichkeit verzichten, weil wir die Unmengen von Warmwasser für unsere Wanne und eine im Winter 24 Grad warme Wohnung nicht mehr bezahlen können. Für viele eine Zumutung, eine unbekannte Härte.

Wir kennen nur Wachstum. Das Wichtigste der letzten Jahrzehnte: Wachstum. Das Mehr war die Überschrift unseres Alltags. Das hat Naivität und Gedankenlosigkeit begünstigt und die Unfähigkeit, das Viele überhaupt noch zu würdigen. Jetzt hört das Mehr auf, jetzt fängt das Weniger an.

Bei einigen Menschen geht das Weniger an die Existenzgrundlage. Ihr Weniger ist nicht nur eine individuelle, sondern auch eine gesellschaftspolitische Herausforderung. Wer so wenig hat, dass er das Notwendigste nicht mehr beschaffen kann, hat nicht mehr nur Angst, sondern Hunger. Friert. Das ist nicht Verzicht, das ist nackte Not.

Auf der anderen Seite gibt es Menschen in Deutschland, die ihren Verzicht auf Fleisch, auf ein Auto mit Verbrennungsmotor, auf die dritte Flugreise des Jahres ostentativ vor sich hertragen. Für sie ist weniger das neue Mehr. Für sie ist weniger ein elektrisches Lastenfahrrad, für sie ist weniger ein veganer Burger.

Diese Art des Weniger ist das Statussymbol einer kleinen wohlhabenden Schicht, die sich damit von wirklichem Verzicht freikauft: »Ich fahre ja schon E-Auto, da bin ich weiter als andere, das muss dann aber auch reichen.« Es ist das Weniger eines Milieus, das nicht verstanden hat, dass weniger für viele andere eine gesperrte Girokontokarte an der Discounterkasse bedeutet. Kein Abendessen für die Kinder.

Die Schere zwischen Arm und Reich ist nicht nur eine ökonomische, sondern auch eine der Lebenserfahrungen und der Identitätsbildungen. Menschen, in deren Alltagssystemen der Verzicht höchstens bedeutet, sich nicht das zwölfte T-Shirt zu kaufen, können zwar theoretisch, vielleicht auch empathisch, mit und über Menschen sprechen, die das einzige T-Shirt so lange tragen, bis es zerfällt, können aber die Kluft nicht überbrücken.

Der Kern des Problems liegt nicht im Füllstand des Kleiderschranks, sondern in unseren Vorstellungen von Gerechtigkeit. In unserer Gesellschaft gilt es vielen als erstrebenswert, so viel wie möglich »mitzunehmen«. Das ist das ökonomische Prinzip des maximalen Gewinns bei minimalem Einsatz. Andere meinen: Warum soll ich verzichten, wenn andere es nicht tun? Auch das ist ökonomisches Denken: Alle bezahlen das Gleiche. Wieder andere meinen, sie müssten alles haben, was sie wollen, »weil es mir zusteht«. Diese Einstellung folgt der Fantasie der Hierarchie, der Macht, auch der Leistung. Sie wertet die eigene Person auf und andere Menschen ab. Das muss aufhören.

»Das ursprüngliche zivilisatorische Ziel der Affektkontrolle verschwindet aus einer Welt, die Affekt extra hervorruft und verstärkt«, schreibt der Berliner Wirtschafts- und Politikwissenschaftler Philip Lepenies. »Die Souveränität der Einzelnen wird zur Tyrannei, die Einschränkungen des eigenen Konsumverhaltens werden immer vehementer abgelehnt.«[9]

Muss man Verzicht lernen? Ja. Es ist eine existenzielle Notwendigkeit, Bedürfnisstrukturen zu kontrollieren und sie in ein Verhältnis zu setzen. Verzicht ist die Voraussetzung unseres Gesellschaftsvertrags. Verzicht – etwa auf Gewalt – ist eine zivilisatorische Notwendigkeit, gleichzeitig ist sie eine gesellschaftlich-politische Verhandlungsnotwendigkeit. Der Staat ist nicht nur dafür da, dem Einzelnen maximalen Komfort zu schenken. Der Staat ist dafür da, Gesellschaft zu ermöglichen, Mindeststandards zu garantieren. Humanität. Würde. Freiheit.

Im Schlaraffenland ist der Mensch kindlicher Kunde. In der Demokratie muss er verantwortlicher Bürger sein. Das ist lästig. Das kapitalistische System, die Soziale Marktwirtschaft (Kapitalismus light) war doch das Versprechen des Mehr. Nun soll Verzichten die Notwendigkeit des Weniger sein?

Was heißt überhaupt »weniger«? Meint es weniger Leben? Weniger gutes Leben? Wer würde wirklich auf seine neue Herzklappe verzichten, auf vier, fünf, zehn zusätzliche Jahre, um von dem gesparten Krankenhausgeld mehrere Kinder jahrelang leben zu lassen? Wir wollen auf unser Leben nicht verzichten. Verständlich. Schon die Abwägung dieses Arguments erscheint mir zynisch. Die Würde des Menschen verbietet es, Menschenleben gegeneinander abzuwägen.

Handeln

Watteland, Anti-Angst-Land, Sicherheitsland, das Schlaraffenland Deutschland gibt es so nicht mehr. Jetzt stehen wir da, mit unseren *Do not disturb*-Schildern in der Hand. Wirkungslos. Die Tür, um das Schild aufzuhängen, existiert nicht mehr. Was jetzt?

Wir entdecken zögernd, zaudernd, dass wir 20 Jahre hinter der Zeit sind, mindestens. Wir erkennen, dass unsere strukturellen Defizite in den wichtigsten Politikfeldern fast nicht mehr aufholbar sind. Ein neues Bildungskonzept braucht mindestens 18 Jahre, bis es die erste Generation hinter sich gebracht hat. Dabei ist das Konzept noch nicht mal da. Klimapolitik hetzt sich in Monatsabständen, um die verlorene Zeit aufzuholen. Hilflos. Infrastrukturmaßnahmen, vor allen Dingen im Nahverkehr, zum Beispiel bei der Bahn, werden von ihren Vorständen selbst erst ins Jahr 2070 terminiert. Der »demografische Wandel« – ein Begriff, der mittlerweile so alt ist wie die alternde Bevölkerung selbst. Und immer noch Konzept.

Immer noch wird von einer »Einwanderungsgesellschaft« fabuliert, die ihre Grenzöffnungen allerdings so eng taktet, dass die 400 000 Menschen, die jährlich nötig sind, um die Gesellschaft wieder so jung zu machen wie erforderlich, nicht erreicht wird. Die sozialen und medizinischen Systeme werden dadurch wahrscheinlich unbezahlbar oder zusammenbrechen. Und dann noch die Demokratie, gemeint ist die liberale Demokratie. Die illiberale Demokratie, wie sie Ungarns Regierungschef Orbán und viele andere Populisten vorleben, ist keine Demokratie.

Das Illiberale ist das Gift, das die Grundrechte der Demokratie mal auffälliger, mal unauffälliger auffrisst. Wir haben eigentlich keine Zeit mehr, um die verpasste Zeit aufzuholen. Schaffen wir es in diesem Jahrzehnt nicht, werden Deutschland und viele Länder der EU keine wichtige Rolle in diesem Jahrhundert mehr spielen.

Entweder wir zaudern angstvoll weiter, tun nichts, schließen die Augen und hoffen, uns auf diese Weise nicht selbst dabei zusehen zu müssen, wenn wir in den Abgrund stolpern. Oder: Wir reißen die Augen auf, schauen hin, hören zu. Handeln.

Kann es uns Menschen gelingen, gerade jetzt, trotz unserer Angst, mit unserer Angst, uns den Krisen dieser Zeit zu stellen? Haben wir die Kraft zur Empathie mit frierenden, mit infizierten, mit fliehenden Menschen, die uns in ihrer nackten Not nur noch mehr Angst machen, weil sie uns an unsere eigene Verwundbarkeit erinnern?

Doch Angst hält uns nicht nur vom Handeln ab, sie kann auch dazu ermutigen. Wie Schmerz, Wut, Neid kann auch Angst die Menschen dazu bringen, weit über sich hinauszuwachsen und Grenzen zu überwinden, die als unüberwindbar gelten. Die Bedingung dafür aber ist, die lähmende Seite der Angst zu überwinden. Nur dann öffnen sich Perspektiven, das bisher Unmögliche zu erreichen. Dass dies gelingen kann, haben wir allein in der jüngsten Geschichte zigfach erfahren:

1955 steht die Afroamerikanerin Rosa Louise Parks im Bus nicht für einen Weißen auf und befeuert damit die US-amerikanische Bürgerrechtsbewegung. Während der Demokratie-Proteste auf dem Tiananmen-Platz 1989 stellt sich ein einfacher Mann in einem weißen Hemd einer Kolonne von Panzern entgegen – sein Bild geht um die Welt. 2006 gibt die Aktivistin Tarana Burke dem Thema sexueller Missbrauch mit dem Hashtag #meToo eine breite Öffentlichkeit. 2018 setzt sich Greta Thunberg mit dem Pappschild »Schulstreik für das Klima« vor den schwedischen Reichstag. 2019 berichtet der chinesische Arzt Li Wenliang trotz staatlicher Repression über ein neuartiges Coronavirus. 2023 fährt US-Präsident Joe Biden, den russischen Bomben zum Trotz, mit dem Nachtzug durch die Ukraine und zeigt sich unter freiem Himmel in Kiew. Jeden Tag überwinden Menschen irgendwo auf der Welt ihre Angst, gehen über Grenzen und zeigen, dass das, wovon alle behaupten, es ginge nicht, eben doch geht.

Irgendwo auf der Welt überwindet jetzt im Moment ein Mensch seine *körperliche* Angst, springt ins Feuer, um einen anderen Menschen zu retten. Irgendwo überwindet jemand seine *intellektuelle* Angst und sagt etwas, das noch niemand gedacht oder gewagt hat auszusprechen. Irgendwo überwindet jemand seine *soziale* Angst und tut etwas, das andere ablehnen. Irgendwo überwindet jemand seine *emotionale* Angst und spricht über etwas, das ihn tief bewegt. Irgendwo geht irgendjemand ein hohes persönliches, ein lebensbedrohliches Risiko ein, überwindet Angst, zeigt Mut.

Manchmal ist das die kleine Initialzündung für eine große soziale Umwälzung. Und wenn nicht die große Umwälzung, dann doch ein kleines Zeichen der Menschlichkeit, ein Zeichen der Hoffnung. Auch wenn es der Demokratie in Deutschland immer wieder doch nicht gelingt, »aus der Unruhe eine reformierende Kraft zu machen«.[10]

Betrachten wir die Menschheitsgeschichte vor hundert Jahren im Vergleich zu heute, gibt es tatsächlich Ermutigendes: der Zivilisationsgrad, der Bildungsgrad der Menschen, die kulturelle Teilhabe, die vielfältigen Denkweisen der Philosophie, alle Menschenbilder und Menschbeziehungen in dieser Welt, die große Gerechtigkeitsfrage des Seins bis hin zu konkreten Fragen der sozialen und politischen Gerechtigkeit, die Fähigkeit des Menschen, Lebensbedingungen zu verbessern, der unglaubliche Fortschritt der Medizin, der nicht nur Krankheiten besiegt, sondern den Tod verschiebt, das Wunder, dass der Mensch zu einer Kunst fähig ist, die Menschen weltweit berührt, bewegt und verändert ...

All dies sind keine Floskeln, sondern Realitäten, die objektiv sichtbar und erkennbar sind. Dass daraus keine Selbstzufriedenheit entstehen darf, kein Sichausruhen-Wollen, kein Jetzt-reicht-es-doch-Schluss-strich, ist ein Imperativ.

Wir sind lernfähig. Wir können uns verändern. Wir können Überzeugungen überzeugend dekonstruieren. Wir müssen nicht statisch, wir können dynamisch leben.

Natürlich ist es richtig und wichtig, Risiken ein-zuschätzen, zu evaluieren, in ihrer Komplexität der Konsequenzen zu bedenken. Nur lähmen darf uns das nicht. Wir müssen uns auch für Risiken entschei-den wollen – als Individuen, damit wir nicht einschla-fen in uns selbst, damit unser Leben nicht deshalb begrenzt bleibt. Als Gesellschaft, um zu überleben.

Im Grundgesetz heißt es: »Alle Staatsgewalt geht vom Volke aus.« Wir brauchen eine neue Kultur der Er-mutigung für die, die uns rational, argumentativ, ver-antwortungsbewusst überzeugen, uns mehr zu enga-gieren. Zu debattieren. Zu argumentieren. Zu streiten, um die richtigen Worte zu ringen, gerade dann, wenn es schwierig wird. Und zu handeln.

Wir brauchen eine neue Kultur der politischen Bil-dung, die nicht nur die alten Zahnräder des etablierten Systems und seiner Institutionen erklärt, sondern vor allem den jungen Menschen zeigt, wie demokratische Partizipation funktioniert. In der Praxis. Für jeden. Und was das Grundgesetz dieses Staates jedem Ein-zelnen nicht nur bietet, sondern auch abverlangt.

Damit Partizipation funktioniert, brauchen wir auch eine neue politische Kultur, die einen wirksamen »Transmissionsriemen«[11] aufspannt zwischen den neuen sozialen Protestbewegungen und den Institutionen der repräsentativen Demokratie.

Wir brauchen mehr und andere Formen der Partizipation von Menschen, die aus den demokratischen Verfahren bisher ausgeschlossen waren: Menschen unter 18 Jahren, Menschen aus Drittstaaten, darunter Tausende erfahrene Lehrkräfte, deren Abschlüsse hier nicht anerkannt werden,[12] Geflüchtete, Menschen mit weniger Bildung, weniger Status als die gewählten Repräsentanten in Berlin. Und wir brauchen politische Bildung, um nicht nur die Quantität, sondern auch die Qualität des gemeinsamen politischen Handelns weiterzuentwickeln.

Das ist nicht nur eine individuelle Aufgabe, es ist eine kollektive, eine politische Aufgabe. Ein Staat, der sich selbst als Schlaraffenstaat missversteht, kann die soziale Frage kaum lösen, kann die Dringlichkeit von Verzicht kaum aussprechen, die Notwendigkeit von Solidarität kaum klarmachen, kann für die Anstrengungen der Demokratie kaum begeistern.

Wenn ein solcher Verwöhn-Staat seine BürgerInnen zu Vernunft aufruft, zu Verzicht, zur Rückbesinnung auf das Gemeinwohl, geht gleich das Geschrei los. Letztendlich sind es nicht die Repräsentanten der Demokratie, sondern die Schlaraffen selbst, die sich aufführen wie Tyrannen. Während alles in Flammen steht, brüllen sie nach Entlastung.

Schlaraffenland ist abgebrannt. Die Watte ist weg, wir müssen improvisieren. Eigentlich sofort. Wir haben nur noch sehr wenig Zeit – fünf, zehn, vielleicht zwanzig Jahre, um eine existenziell bedrohliche, eine angstbedingte Regression in autoritäre, korrupte, anti-demokratische Strukturen abzuwenden, die noch befeuert wird durch die Erfahrung von Krieg, Dürre, Flut, Seuchen, Hunger und durch Millionen Frauen, Männer, Kinder auf der Suche nach einem neuen Ort zum Überleben – direkt vor unserer Haustür.

Es ist eine doppelte Herausforderung: Wir müssen nicht nur aufholen, um unsere rückständigen Systeme der Bildung, Gesundheit, Verteidigung, Mobilität, Verwaltung auf den neuesten Stand zu bringen. Wir müssen diese Systeme auch flexibler und stärker machen, damit sie den Krisen dieses Jahrhunderts standhalten.

Und doch möchten viele, nicht nur die Älteren, auch jetzt noch lieber warten. Auf Rettung warten durch die junge Generation, die von Anfang an erlebt hat, dass das Schlaraffenland nichts als Lug und Trug ist, die schon als Kinder die Bilder von Flüchtlings-boot-Wracks und toten Babys am Strand sahen, die im Seuchen-Lockdown in ihren Zimmern ausharrten, die die Unabwendbarkeit der Klimakatastrophe früh verstanden haben und die wissen, dass der Krieg in der Ukraine genauso auch ihr Krieg sein könnte.

Viele Ältere möchten noch immer nichts tun, noch immer ein bisschen Weiter-so. Noch einen Sommer genießen. Noch ein paar Jahre profitieren von den Geschäften mit Kriegstreibern, mit Autokraten, mit Menschenverächtern. Dann wird es eben diese junge Generation, der technische Fortschritt, die Diplomatie, das Glück, der Zufall schon richten, dann werden wir den ersten Schritt gehen. Irgendwann.

Dass »irgendwann« zu spät ist, wissen wir. Dass wir jederzeit aufbrechen können, auch. Vielleicht hören wir auf zu zögern, wenn wir uns den Schritt in die neue Zeit anders vorstellen: nicht so, dass jeder und jede Einzelne, allein, einen Schritt nach vorn ins Ungewisse setzt. Aggressiv. Unter Druck. Mit Angst. Wie es in Schillers *Reiterlied* heißt: »Da tritt kein anderer für ihn ein, auf sich selber steht er da ganz allein.«[13]

Vielleicht hören wir auf zu zögern, wenn wir aufeinander zugehen, um in einer gemeinsamen Improvisation Angst zu verwandeln in Freiheit. Wenn wir vor allem den jungen Unerschrockenen, den jungen Realisten, den vielen bisher Abgehängten den politischen Raum weit öffnen; sie nicht nur ernst nehmen als Menschen, sondern als Mitgestaltende. Könnte nicht das die Apathie der Nicht-Gehörten auflösen, könnte nicht das die Verantwortungslosigkeit der Abgehobenen beenden? Die Möglichkeit, immer wieder neu anzufangen, auch in der widrigsten Wirklichkeit neu anzufangen, macht sie nicht eigentlich den Menschen aus?

Und was, wenn wir trotz dieser Möglichkeit in unserer Schlaraffenmentalität stecken bleiben? Wenn wir weiter warten auf Lügen, Likes und Brei?

Dann werden wir die »Zeitenwende« eines Tages vielleicht als den Wendepunkt bezeichnen müssen, an dem unsere Demokratie gescheitert ist.

Ob wir noch anders können?

Ich plädiere für skeptischen Optimismus.

Dank

Wieder einmal haben mich Felicitas von Lovenberg und Kathrin Liedtke überredet, überzeugt, einen neuen Versuch zu wagen, ein Buch zu schreiben. Ich möchte mich dafür sehr bedanken.

Kathrin Liedtke danke ich darüber hinaus für das Lektorat, ohne das dieses Buch nicht so geworden wäre. Anne Jacoby danke ich für ihre kompetente Begleitung beim Schreiben, für das Recherchieren, für ihre gedanklichen Impulse und ihren kritischen Blick.

Es ist höchste Zeit, mich bei meinem Freund Gert Scobel zu bedanken. Er »nervt« mich schon seit Jahren: Schreibe, schreibe, schreibe, sagt er mir immer wieder.

Nina Sillem, meiner Agentin, meinem ruhenden Pol, die mich immer wieder aufbaut, mir Kraft und Mut schenkt, möchte ich danken für diese Beschütztheit.

Und schließlich möchte ich allen Menschen danken, die mir vertrauen und mich in Freundschaft begleiten. Dieses Geschenk hört nicht auf. Immer wieder begegne ich Menschen, bei denen sich dieses Gefühl entwickelt.

Dieses Vertrauen habe ich auch bei Martin Zwilling vom ersten Augenblick an empfunden. Ohne seine sensible Öffentlichkeitsarbeit und sein Engagement wäre ich heute wahrscheinlich nicht da, wo ich bin.

Und: B.S.O., meine Liebe, meines Lebens Sauerstoff.

Und besonders möchte ich mich bedanken bei der Neugier, beim Zweifel, beim Widerspruch, die mich treiben und hoffentlich bis zum Ende meines Lebens begleiten.

Anmerkungen

Schlaraffenland ist abgebrannt

1   Siehe Stichwort »Ernst« in *Deutsches Wörterbuch von Jacob Grimm und Wilhelm Grimm*, https://woerterbuch netz.de/#2

I Ruhe, bitte

1   Weltmeistertitel 1990 und 2014; Ausrichter der Weltmeisterschaft 2006.

2   Bundesministerium für Wirtschaft und Klimaschutz: »Die wirtschaftspolitische Entwicklung von 1949 bis heute. Wirtschaftspolitik im Zeichen globaler Umbrüche (2009–2013)«, https://www.bmwk.de/Redaktion/ DE/Textsammlungen/Ministerium/wirtschaftspolitik-seit-1949.html

3   So formulierte es die damalige Bundeskanzlerin Angela Merkel am 31. August 2015 auf der Bundespressekonferenz.

4   August Heinrich Hoffmann von Fallersleben: »Bürgerlich«, in: Johannes John: *Reclams Zitaten-Lexikon*, Reclam-Verlag, Stuttgart 2017, S. 388.

5   Francis Fukuyama: »Das Ende der Geschichte?«, *Euro-*

päische Rundschau, Jg. 17, H. 4, Wien 1989, S. 3–25; ders: *Das Ende der Geschichte*, Hoffmann und Campe, Hamburg 2022.

6   Fritz Bauer: »Ich glaube, es ist eine traurige Wahrheit, dass wir unserem Affenzustand noch sehr nahe sind und dass die Zivilisation nur eine sehr dünne Decke ist, die sehr schnell abblättert.« Tonaufnahme von Fritz Bauer in der Frankfurter Ausstellung »Fritz Bauer. Der Staatsanwalt. NS-Verbrechen vor Gericht« (2014). Zitiert nach Martin Oversohl: »Erinnerung an NS-Ankläger Fritz Bauer«, *Die Welt*, 9.04.2014, https://www.welt.de/regionales/frankfurt/article126771697/Erinnerung-an-NS-Anklaeger-Fritz-Bauer.html

7   »Der unbereinigte Gender-Pay-Gap 2022 betrug in Westdeutschland 19 Prozent, in Ostdeutschland sieben Prozent.« Destatis, Statistisches Bundesamt: Gender Pay Gap 2022: Frauen verdienten pro Stunde 18 Prozent weniger als Männer. Pressemitteilung, 30.01.2023, https://www.destatis.de/DE/Presse/Pressemitteilungen/2023/01/PD23_036_621.html

8   Im Jahr 2021 waren 29,2 Prozent der Führungskräfte weiblich. Destatis, Statistisches Bundesamt: »Frauen in Führungspositionen«, https://www.destatis.de/DE/Themen/Arbeit/Arbeitsmarkt/Qualitaet-Arbeit/Dimension-1/frauen-fuehrungspositionen.html

9   Frauke Suhr: »Gender Care Gap noch immer viel zu hoch«, Statista, 6.05.2021, https://de.statista.com/infografik/24809/hoehe-des-gender-care-gaps-in-deutschland/

10 »66 % der erwerbstätigen Mütter arbeiten Teilzeit, aber nur 7 % der Väter.« Destatis, Statistisches Bundesamt, Pressemitteilung Nr. N 012 vom 7.03. 2022, https://www.destatis.de/DE/Presse/Pressemitteilungen/2022/03/PD22_N012_12.html

11 »Tafel Deutschland: Die Tafeln in aktuellen Zahlen –
   Sommer 2022. Tafel-Umfrage zur Kund:innenentwick-
   lung 2022«, https://www.tafel.de/fileadmin/media/
   Presse/Hintergrundinformationen/TAFEL_UA_Fakten_
   Sommer_22_korr.pdf

12 »Körber Stiftung: Vertrauen in demokratische Institutionen schwindet. Studie der Körber-Stiftung zeigt geringes
   Vertrauen in Demokratie und öffentliche Einrichtun-
   gen. Philosoph Nida-Rümelin fordert Erneuerung der
   Demokratie.« Pressemitteilung vom 15.12.2021, https://
   koerber-stiftung.de/presse/mitteilungen/vertrauen-in-
   demokratische-institutionen-schwindet/

13 Eli Wiesel in seiner Rede »Erinnerung gegen die Gleich-
   gültigkeit« anlässlich einer Tagung der Evangelischen
   Akademie Loccum vom 28. bis 30. Mai 1986.
   Dieses Zitat findet sich auch in Eli Wiesels Buch *Den
   Frieden feiern*. Herder Verlag, Freiburg im Breisgau 1991,
   S. 169 f.

14 Hermann Hesse: »Im Nebel«. In: *Gesammelte Werke in
   zwölf Bänden. Erster Band: Gedichte. Frühe Prosa. Peter
   Camenzind*, Suhrkamp Verlag, Frankfurt am Main 1987,
   S. 27.

15 So erklärt es Ilios Kotsou, Professor für Psychologie
   an der Freien Universität Brüssel, laut Volker Krings:
   »Angst vor Krieg ist normal, Empathie hilft«, Belgischer
   Rundfunk, 3.03.2022, https://brf.be/national/1580766/

16 So formuliert es Grit Hein, die als Neuropsychologin an
   der Universität Würzburg lehrt. Melanie Mühl: »Mitgefühl ist leider nicht für alle da«, *Frankfurter Allgemeine Zeitung*, 9.03.2018, https://www.faz.net/aktuell/
   feuilleton/debatten/empathie-im-gehirn-entscheidet-
   sich-wann-mitgefuehl-entsteht-15484403

17 So eine Formulierung von Andreas Zick, Direktor des
   Instituts für interdisziplinäre Konflikt- und Gewalt-

forschung der Universität Bielefeld, in seinem Vortrag »Empathie – eine Frage der Mitte, jenseits der Extreme«, SWR, 19.04.2022, https://www.swr.de/wissen/tele-aka demie/empathie-eine-frage-der-mitte-jenseits-der-extreme-andreas-zick-100.html

[18] Jean-Paul Sartre: *Der Existenzialismus ist ein Humanismus ... und andere philosophische Essays*, Rowohlt Verlag, Reinbek bei Hamburg 2021, S. 151.

[19] Jean-Paul Sartre: »Betrachtungen zur Judenfrage«, in: ders: *Drei Essays*, Frankfurt/Berlin 1986 (1946), S. 108–191, hier: S. 134.

[20] Jean-Paul Sartre: *Das Sein und das Nichts. Versuch einer phänomenologischen Ontologie*, Rowohlt Verlag, Reinbek bei Hamburg 1991, S. 91.

[21] Vgl. Zygmunt Baumann: *Liquid Fear. Fließende Angst*, Edition Konturen, Wien/Hamburg 2021, S. 144 f.: »Das dichte Netzwerk gegenseitiger Abhängigkeit macht uns alle objektiv verantwortlich (ob wir es wissen oder nicht, ob wir es wollen oder nicht und – ein ethisch entscheidender Punkt – ob wir es beabsichtigen oder nicht) für das Elend der anderen; unsere moralische Vorstellungskraft ist jedoch historisch so geformt worden, dass sie sich nur mit anderen befasst, die sich innerhalb eines Kreises räumlicher und zeitlicher Nähe, in Sicht- und Berührungsweite befinden – und sie ist bis heute nicht nennenswert über diese traditionelle (endemische?) Beschränkung hinausgekommen.«

[22] Zoran Konstantinović: »Expressionismus«. In: Ernst Alker: *Profile und Gestalten der deutschen Literatur nach 1914*. Hrsg. von Eugen Thurnher, Kröner, Stuttgart 1977, S. 618–711, hier: S. 633.

[23] Søren Kierkegaard: *Der Begriff Angst*, Reclam, Stuttgart 1992, S. 181.

[24] Michel Friedman: »Angst. Podcast ›Zukunft denken‹«,

in: *Tachles. Das jüdische Wochenmagazin*, 13.04.2022,
https://www.tachles.ch/podcasts/angst

[25] Martin Heidegger: *Sein und Zeit*, Vittorio Klostermann,
Frankfurt am Main 1977, S. 250. »Daß die Angst als
Grundbefindlichkeit in solcher Weise erschließt, dafür
ist wieder die alltägliche Daseinsauslegung und Rede
der unvoreingenommenste Beleg. Befindlichkeit, so
wurde früher gesagt, macht offenbar, ›wie einem ist‹. In
der Angst ist einem ›*unheimlich*‹. Darin kommt zunächst
die eigentümliche Unbestimmtheit dessen, wobei sich
das Dasein in der Angst befindet, zum Ausdruck: das
Nichts und Nirgends.«

[26] Arthur Schopenhauer: *Die Welt als Wille und Vorstellung
II*, Kapitel 46, http://www.zeno.org/Philosophie/M/Scho
penhauer,+Arthur/Die+Welt+als+Wille+und+Vorstel
lung/Zweiter+Band/Erg%C3%A4nzungen+zum+vier
ten+Buch/46.+Von+der+Nichtigkeit+und+dem+Leiden+
des+Lebens

[27] Zygmunt Baumann: *Liquid Fear. Fließende Angst*, Edition
Konturen, Wien/Hamburg 2021, S. 9.

[28] Ebd., S. 10.

[29] Ebd., S. 81.

[30] Vgl. Cass R. Sunstein: *Gesetze der Angst. Jenseits des Vor-
sorgeprinzips*, Frankfurt am Main 2007 (2005).

II Brandherde: Was wir nicht sehen wollen

[1] Carsten Spitzer et al.: »Beobachtet, verfolgt, zersetzt –
Psychische Erkrankungen bei Betroffenen nichtstraf-
rechtlicher Repressionen in der ehemaligen DDR«.
In: *Psychiat Prax* 2007, 34(2), S. 81–86; DOI: 10.1055/
s-2006–940059, https://www.thieme-connect.com/
products/ejournals/abstract/10.1055/s-2006-940059

2   Es gab etwa 100 000 Beschuldigte, aber nur rund 1000 Verfahren, in denen Anklage erhoben wurde. Ein sehr großer Teil dieser Verfahren endete mit Bewährungs- oder Geldstrafen, nur in wenigen Fällen mussten Verurteilte ins Gefängnis. Siehe Klaus Marxen, Gerhard Werle (Hg.): *Strafjustiz und DDR-Unrecht.* 7 Bände, De Gruyter, Berlin 2000. Siehe auch den Pressebericht: Armin Fuhrer: »Historiker zieht Bilanz: Vielen DDR-Funktionären geht es heute besser als ihren Opfern«. In: *Focus*, 15.05.2017, https://www.focus.de/wissen/mensch/geschichte/eine-bittere-bilanz-viele-verant wortliche-der-ddr-diktatur-leben-heute-in-besseren-verhaeltnissen-als-ihre-opfer_id_7135753.html

3   Christian Bangel: »Nacht der Deutschen Einheit«, *Zeit online*, 3.10.2020, https://www.zeit.de/gesellschaft/zeit geschehen/2020-10/30-jahre-wiedervereinigung-ost deutschland-rechtsextremismus-neonazis-ost-west/komplettansicht

4   Johannes Schütz: »Wenn Heimat Angst macht. ›Gewalt der Vereinigung‹ in biografischen Erzählungen«. Archiv-Version des ursprünglich auf dem Portal Zeitgeschichte online am 21.05.2021 erschienenen Textes, https://zeitgeschichte-online.de/themen/wenn-heimat-angst-macht https://doi.org/10.14765/zzf.dok-2283

5   Ines Geipel: »Das Gedächtnis der Angst. Vom Schweigen in der Diktatur«. In: Hendrik Hansen, Tim Kraski, Verena Vortisch (Hg.): *Erinnerungskulturen in Mittel- und Osteuropa. Die Auseinandersetzung mit National- sozialismus und Kommunismus im Vergleich* (Konferenz-schrift, 2016), Nomos Verlagsgesellschaft, Baden 2020, S. 105–120, hier: S. 115 f.

6   In Baden-Württemberg kamen Querdenker eher aus dem linken Milieu, in Ostdeutschland aus dem rech- ten. Universität Basel im Auftrag der Heinrich-Böll-

Stiftung: Oliver Nachtwey, Nadine Frei et al.: »Quellen des ›Querdenkertums‹. Eine politische Soziologie der Corona-Proteste in Baden-Württemberg«. Dezember 2021, https://www.boell-bw.de/de/2021/11/19/quellen-des-querdenkertums-eine-politische-soziologie-der-corona-proteste-baden; siehe auch Pressebericht: Dpa: »Studie: ›Querdenker‹ im Südwesten sind anders als im Osten«, *Zeit online*, 22.11.2021, https://www.zeit.de/news/2021-11/22/studie-wurzeln-der-querdenker-bewe gung-im-linken-milieu

[7] Ostdeutsche sehen die Unterstützung der Ukraine skeptischer als Westdeutsche. Mercator Forum Migration und Demokratie (Midem) der Technischen Universität Dresden: »Europa und die Fluchtmigration aus der Ukraine«. MIDEM Jahresstudie 2022, hrsg. von Hans Vorländer, https://forum-midem.de/cms/data/fm/user_upload/Publikationen/TUD_MIDEM_Jahresstudie2022_Europa_und_die_Fluchtmigration_aus_der_Ukraine.pdf

[8] Oliver Decker, Elmar Brähler (Hg.): »Autoritäre Dynamiken. Alte Ressentiments – neue Radikalität«. Leipziger Autoritarismus-Studie 2020, Psychosozial-Verlag, Gießen 2020, S. 54.

[9] Genauer: Am 5. Februar 2020 wurde Thomas Kemmerich (FDP) mit den Stimmen von AfD, CDU und FDP zum Thüringer Ministerpräsidenten gewählt. Weil auf diese Weise zum ersten Mal in der Geschichte der Bundesrepublik die Stimmen einer rechtspopulistischen Partei erfolgsentscheidend waren für die Wahl eines hohen politischen Repräsentanten, löste dies die sogenannte Thüringen-Krise aus. Am 8. Februar trat Kemmerich zurück.

[10] Ralf Julke: »Kurt Biedenkopfs Sachsen sind immer noch gegen Rechtsextremismus immun«. In: *Leipziger*

Zeitung, 22.09.1915, https://www.l-iz.de/politik/sach
sen/2015/09/kurt-biedenkopfs-sachsen-sind-immer-
noch-gegen-rechtsextremismus-immun-108432

[11] 44 692 Fälle politisch motivierter Straftaten im Jahr
2020 (»rechte«: 23 604, »linke«: 10 971). 55 048 Fälle im
Jahr 2021 (»rechte«: 21 964; »linke« 10 113). Im Jahr 2021
fast 3000 extremistisch motivierte *Gewalt*taten (945
»rechte«, 987 »linke« Fälle). Quelle: Bundesministerium des Innern und für Heimat, Bundeskriminalamt:
Politisch motivierte Kriminalität im Jahr 2021. Bundes-
weite Fallzahlen, S. 4 und 24, https://www.bmi.bund.de/
SharedDocs/downloads/DE/veroeffentlichungen/nach
richten/2022/pmk2021-factsheets.pdf?__blob=publica
tionFile&v=2

[12] »Haldenwang sieht Rechtsextremismus als größte Gefahr«, Deutsche Welle, 6.06.2021, https://www.dw.com/
de/haldenwang-sieht-rechtsextremismus-als-grte-
gefahr/a-57791492; »Verfassungsschutz warnt vor De-
mokratiefeinden«, ZDFheute, 19.05.2022, https://www.
zdf.de/nachrichten/politik/haldenwang-rechtsextre
mismus-gefahr-sicherheit-100.html; »Neujahrsempfang
der CDU Vohwinkel: ›Vom Rechtsextremismus geht die
größte Gefahr aus‹«, *Westdeutschen Zeitung*, 8.01.2023,
https://www.wz.de/nrw/wuppertal/rede-in-wuppertal-
vom-rechtsextremismus-geht-groesste-gefahr-aus_aid-
82606731

[13] Statista: »Stimmenanteile der AfD bei den jeweils letzten Landtagswahlen in den Bundesländern bis Mai
2023«, 7.06.2023, https://de.statista.com/statistik/daten/
studie/320946/umfrage/ergebnisse-der-afd-bei-den-
landtagswahlen/

[14] Carolin Emcke: *Gegen den Hass*, Fischer, Frankfurt am
Main 2016, S. 20. Siehe auch S. 184 f.: »Die Muster, in
die sich der Hass ausgießt, gegen Frauen, gegen Juden,

gegen Homosexuelle, gegen Shiiten und alle Muslime, die als Abtrünnige ausgesondert werden, diese Muster werden in zahllosen Schriften und Videos, in Predigten und Gedichten gefertigt und in Gesprächen, im Netz und auf der Straße verbreitet.«

[15] Ebd.

[16] Bruno Urmersbach: »Afrika: Durchschnittsalter der Bevölkerung von 1950 bis 2022 und Prognosen bis 2050«. Quelle: UN DESA (Population Division), Statista, Juli 2022, https://de.statista.com/statistik/daten/stu die/1343561/umfrage/durchschnittsalter-der-bevoelke rung-in-afrika/

[17] Günther Anders: *Die Antiquiertheit des Menschen, Bd. I. Über die Seele im Zeitalter der zweiten industriellen Revolution*, C. H. Beck, München 1956/2017.

[18] Jochen Oltmer, Vera Hanewinkel: »Geschichte der Migration nach und aus Deutschland«. In: *Bundeszentrale für politische Bildung*, 8.12.2021, https://www.bpb.de/ themen/migration-integration/laenderprofile/deutsch land/341068/geschichte-der-migration-nach-und-aus-deutschland/
Andererseits verließen 1992 rund 720 000 Menschen das Land, 2015 wanderten fast eine Million Menschen aus Deutschland aus.

[19] Destatis, Statistisches Bundesamt: »Bevölkerung – Wanderungen«, https://www.destatis.de/DE/Themen/Gesell schaft-Umwelt/Bevoelkerung/Wanderungen/_inhalt.html
Der Zahl der Einwanderungen stehen eine Million Fortzüge gegenüber.

[20] Statista: »Anzahl der Menschen weltweit, die bis zum Jahr 2050 aufgrund des Klimawandels innerhalb ihres Landes/ihrer Region zur Flucht gezwungen werden könnten.« September 2021, https://de.statista.com/statis

tik/daten/studie/1263402/umfrage/anzahl-moeglicher-
klimafluechtlinge-weltweit-bis-2050-nach-region/
»Weltbank warnt: Bis 2050 sind 200 Millionen Klimaflüchtlinge möglich«, RedaktionsNetzwerk Deutschland,
13.09.2021, https://www.rnd.de/politik/klimawandel-
weltbank-warnt-vor-200-millionen-moeglichen-klima
fluechtlingen-bis-2050-6UDE7KX73W7IUH7QN4US2
EPOSU.html

[21] 15,8 Prozent der Menschen in Deutschland sind armuts-
gefährdet, das heißt, 84,2 Prozent sind es offiziell nicht.
Destatis, Statistisches Bundesamt: »Relatives Armuts-
risiko in Deutschland 2021 bei 15,8 %«. Pressemitteilung
Nr. 327, 4.08.2022, https://www.destatis.de/DE/Presse/
Pressemitteilungen/2022/08/PD22_327_634.html

[22] Hannah Arendt: *Elemente und Ursprünge totaler Herr-
schaft: Antisemitismus, Imperialismus, Totalitarismus*,
Piper, München, 4. Aufl. 1995, S. 462.
»Daß es so etwas gibt wie ein Recht, Rechte zu haben –
und dies ist gleichbedeutend damit, in einem Bezie-
hungssystem zu leben, in dem man auf Grund von
Handlungen und Meinungen beurteilt wird –, wissen
wir erst, seitdem Millionen von Menschen aufgetaucht
sind, die dieses Recht verloren haben und zufolge der
neuen globalen Organisation der Welt nicht imstande
sind, es wiederzugewinnen.«

[23] Bundesministerium des Innern und für Heimat: »Aus-
länderwahlrecht. Ausländerinnen und Ausländer haben
kein aktives oder passives Wahlrecht zu den Bundes-
tagswahlen, Landtagswahlen oder Volksabstimmungen
auf der Bundes- oder Landesebene«, https://www.bmi.
bund.de/DE/themen/verfassung/wahlrecht/auslaen
derwahlrecht/auslaenderwahlrecht-node.html

[24] Bundesministerium für Umwelt, Naturschutz, nukleare
Sicherheit und Verbraucherschutz: »Fast Fashion«,

https://www.bmuv.de/themen/nachhaltigkeit-digitali
sierung/konsum-und-produkte/produktbereiche/mode-
und-textilien

25 Darius Reinhardt, Hannah Friedrich, Daniel Mullis:
    »PRIF Report 5/2022. Fragiles Vertrauen: Zwischen
    sozialen Bewegungen und Politikverdrossenheit. Jugend
    und Demokratie in Zeiten der Corona-Krise«, Leibniz-
    Institut Hessische Stiftung Friedens- und Konflikt-
    forschung (HSFK), Frankfurt am Main 2022, S. 8, 12–26,
    https://www.hsfk.de/fileadmin/HSFK/hsfk_downloads/
    prifo522_barrierefrei.pdf

26 Tafel Deutschland: »Armut in Deutschland auf drama-
    tischem Höchststand: Zahl der Tafel-Kundinnen und
    -Kunden um Hälfte erhöht«, Tafel.de, 14.07.2022,
    https://www.tafel.de/presse/pressemitteilungen/presse
    mitteilungen-2022/armut-in-deutschland-auf-drama
    tischem-hoechststand-zahl-der-tafel-kundinnen-und-
    kunden-um-haelfte-erhoeht

27 Bertelsmann Stiftung: »Trotz Arbeit abgehängt: Armuts-
    risiko von Alleinerziehenden verharrt auf hohem Ni-
    veau«, bertelsmann-stiftung.de, 15.07.2021, https://
    www.bertelsmann-stiftung.de/de/themen/aktuelle-
    meldungen/2021/juli/armutsrisiko-von-alleinerziehen
    den-verharrt-auf-hohem-niveau
    Im Detail: »43 Prozent der Ein-Eltern-Familien gelten
    als einkommensarm, während es bei den Paarfamilien
    mit einem Kind 9 Prozent, mit zwei Kindern 11 Prozent
    und mit drei Kindern 31 Prozent sind. Frauen sind in
    besonderer Weise davon betroffen, denn 88 Prozent der
    Alleinerziehenden sind Mütter.«

28 »Anzahl der Inobhutnahmen/Herausnahmen von Kin-
    dern und Jugendlichen durch Jugendämter in Deutsch-
    land nach Anlässen im Jahr 2021«, Statista, 5.05.2023,
    https://de.statista.com/statistik/daten/studie/160973/
    umfrage/anlaesse-fuer-inobhutnahme-minderjaehriger/

[29] So der Altersübergangsreport von Arthur Kaboth und Martin Brussig vom Institut Arbeit und Qualifikation (IAQ), https://www.boeckler.de/de/boeckler-impuls-arbeitslosigkeit-im-alter-bleibt-oft-verdeckt-21537.htm

[30] Bundeszentrale für politische Bildung: »Arbeitslosenquoten nach Geschlecht und Staatsangehörigkeit«, bpb. de, 12.10.2021, https://www.bpb.de/kurz-knapp/zahlen-und-fakten/soziale-situation-in-deutschland/162491/arbeitslosenquoten-nach-geschlecht-und-staatsangehoerigkeit/

[31] Anna Werbeck, Ansgar Wübker, Nicolas R. Ziebarth: »Cream skimming by health care providers and inequality in health care access: Evidence from a randomized field experiment«, *Journal of Economic Behavior & Organization*, Volume 188, 2021, S. 1325–1350. https://doi.org/10.1016/j.jebo.2021.05.028 https://doi.org/10.1016/j.jebo.2021.05.028

[32] Ilgin Seren Evisen: »Gut die Hälfte der Politiker stammt aus der Elite: Das gefährdet die Demokratie«, *Berliner Zeitung*, 3.12.2022, https://www.berliner-zeitung.de/politik-gesellschaft/interview-soziologe-michael-hartmann-gut-die-haelfte-der-politiker-stammt-aus-der-elite-das-gefaehrdet-die-demokratie-li.293299

[33] Destatis, Statistisches Bundesamt: »Bildung und Kultur. Private Schulen. Fachserie 11, Reihe 11. Schuljahr 2020/2021«, 5.11.2021, https://www.destatis.de/DE/Service/Bibliothek/_publikationen-fachserienliste-11.html#579848 (Aktuellere Zahlen liegen nicht vor.)

[34] Bertelsmann Stiftung: »Berufsabschluss gelingt zu oft erst nach vielen Umwegen«, bertelsmann-stiftung.de, 26.10.2022, https://www.bertelsmann-stiftung.de/de/themen/aktuelle-meldungen/2022/oktober/berufsabschluss-gelingt-zu-oft-erst-nach-vielen-umwegen

[35] OECD: »Bildung auf einen Blick. OECD-Indikatoren

2022«, https://www.bmbf.de/SharedDocs/Downloads/
de/2022/221004-oecd-vergleichsstudie-2022.pdf?__
blob=publicationFile&v=3

[36] ifo Institut: »Bessere PISA-Leistungen können Wirtschaftskraft kräftig steigern«, Pressemitteilung vom
2.12.2019, https://www.ifo.de/pressemitteilung/
2019-12-02/ifo-institut-bessere-pisa-leistungen-koen
nen-wirtschaftskraft-kraeftig

[37] Franklin D. Roosevelt: »Inaugural Address, March 4,
1933«, in: Samuel Roseman (Hg.): *The Public Papers of
Franklin D. Roosevelt*, Band 2: *The Year of Crisis, 1933*,
New York 1939, S. 11–16.

[38] Heinz Bude: *Gesellschaft der Angst*, Hamburger Edition,
Hamburg 2014, S. 15 f.

[39] Destatis, Statistisches Bundesamt: »Ein Fünftel der Bevölkerung in Deutschland hatte 2021 ein Nettoeinkommen von unter 16 300 Euro im Jahr«, Pressemitteilung
Nr. N 062 vom 5.10.2022, https://www.destatis.de/DE/
Presse/Pressemitteilungen/2022/10/PD22_N062_63.html

[40] Statista: »Statistiken zur Armut in Deutschland«,
https://de.statista.com/themen/120/armut-in-deutsch-
land/#dossierKeyfigures

[41] »Energiesparprämie? Kriegst du nicht, Alter«, ZDFheute
vom 23.06.2022, https://www.zdf.de/nachrichten/poli
tik/habeck-gas-alarmstufe-interview-100.html

[42] Maria Ziegler: »Werden die Erfolge bei der globalen
Armutsbekämpfung systematisch überschätzt?«, in:
KfW Development Research, Entwicklungspolitik Kom-
pakt, 16.10.2020, https://www.kfw-entwicklungsbank.
de/PDF/Download-Center/PDF-Dokumente-Develop
ment-Research/2020_10_16_Armutsbek-E4mpfung_
DE.pdf

[43] Statista: »Anzahl der unterernährten Menschen weltweit von 1990 bis 2020«, https://de.statista.com/statis

tik/daten/studie/38187/umfrage/anzahl-der-hungern
den-weltweit/

44 J. van Zanden et al.: »How Was Life?: Global Well-being
since 1820«, OECD Publishing, Paris 2014, https://doi.
org/10.1787/9789264214262-en

45 UNESCO Institute for Statistics: »Literacy rate, adult
total (% of people ages 15 and above)«, Data as of September 2021, https://data.worldbank.org/indicator/se.adt.
litr.zs

46 Deutsche Bundesbank: »Die Weltwirtschaft während
der Coronavirus-Pandemie«, Monatsbericht Oktober
2021, https://www.bundesbank.de/resource/blob/878
906/0b926f62330196001bbc10d992e8581b/mL/2021-
10-wirtschaft-corona-data.pdf

47 UNICEF: »Niemals Gewalt gegen Kinder!«, https://www.
unicef.de/informieren/aktuelles/gewalt-gegen-kinder-
beenden

48 Laut Armutsbericht des Paritätischen Gesamtverbands
hat die Armutsquote in Deutschland mit 16,1 Prozent
(13,4 Millionen Menschen) 2020 einen neuen Höchst-
stand erreicht. Mitteilung vom 16.12.2021, https://www.
der-paritaetische.de/alle-meldungen/armut-in-der-
pandemie-paritaetischer-stellt-bericht-zur-armut-in-
deutschland-vor/

49 Destatis, Statistisches Bundesamt: »Lebensbedingungen
und Armutsgefährdung«, https://www.destatis.de/DE/
Themen/Gesellschaft-Umwelt/Einkommen-Konsum-
Lebensbedingungen/Lebensbedingungen-Armuts
gefaehrdung/_inhalt.html#sprg229400

50 Katrin Kimpel: »Fast jedes vierte Kind in Hessen von
Armut bedroht«, Hessenschau, 26.02.2023, https://www.
hessenschau.de/gesellschaft/studieder-bertelsmann-
stiftung-fast-jedes-vierte-kind-in-hessen-von-armut-
bedroht-v1,kinderarmut-hessen-bertelsmann-100.html

51 Nils Weinert: »Zahl der Schulabbrecher im Vergleich zum Vorjahr verdoppelt – Tendenz steigend«, RedaktionsNetzwerk Deutschland, 25.08.2021, https://www.rnd.de/politik/schule-zahl-der-schulabbrecher-zum-vorjahr-verdoppelt-tendenz-steigend-durch-corona-5QYWLKXZX5BPJI7P7V33OLHDQI.html

52 A. Grotlüschen und W. Riekmann (Hg.): *Funktionaler Analphabetismus in Deutschland. Ergebnisse der ersten leo. – Level-One Studie*, Waxmann Verlag, Münster u. a. 2012.

53 Bundesministerium für Bildung und Forschung: Zahlen und Fakten. Ohne Datum, https://www.mein-schlüssel-zur-welt.de/de/helfen/zahlen-und-fakten/zahlen-und-fakten

III Schlafmittel: Was wir tun, um nichts tun zu müssen

1 Dieter Richter: *Schlaraffenland. Geschichte einer populären Utopie*, Fischer Verlag, Frankfurt am Main 1995, S. 12 f.

2 Ebd., S. 14.

3 Ebd., S. 42.

4 Ebd., S. 91.

5 Karl Goedeke: *Johann Wolfgang von Goethe: Goethes sämtliche Werke: Sprüche. Ethisches. Theaterreden. Maskenzüge. Register zu Bd. 1–4. Bd. 5. Hermann u. Dorothea. Achilles. Reineke Fuchs*, J. G. Cotta, Stuttgart 1893, S. 27, https://www.google.de/books/edition/Goethes_s%C3%A4mtliche_werke_Spr%C3%BCche_Ethisc/epMZAAAAYAAJ?hl=de&gbpv=0

6 Georg Ismar: »Der Krisenmanager der ersten Welle«, *Tagesspiegel*, 14.12.2020, https://www.tagesspiegel.de/politik/diese-drei-fehleinschatzungen-kratzen-an-spahns-image-6861145.html

7 Bezeichnend für diese Zeit waren etwa der Fall des »Baulöwen« Jürgen Schneider und seine »Peanuts«-Affäre mit der Deutschen Bank, https://www.capital.de/wirtschaft-politik/der-bauloewe-juergen-schneider-und-die-peanuts-affaere

8 *Fallitur augurio spes bona saepe suo«*, lässt Ovid in seiner fiktiven Briefsammlung *Heroides* die Heldin Helena an Paris schreiben. Ovid: *Heroides. Briefe der Heroinen*, Lateinisch/Deutsch, Reclam, Stuttgart 2000, S. 212.

9 Die Bezeichnung geht zurück auf den deutschen Soziologen und Ethnologen Alfred Vierkandt: »Sittlichkeit«. In: *Handwörterbuch der Soziologie*, Ferdinand Enke Verlag, Stuttgart 1959 (1931), S. 533–545, hier S. 537.
Vierkandt schlägt das Wort »Ventilsitte« als Synonym vor für den älteren soziologischen Begriff der »Festpromiskuität«.

10 »Ukraine-Flüchtlinge entlasten Arbeitsmarkt«, ZDF heute, 19.02.2023, https://www.zdf.de/nachrichten/wirtschaft/arbeitsmarkt-deutschland-ukraine-krieg-100.html

11 Zygmunt Bauman, a.a.O., S. 196.

12 Theodor W. Adorno: »Antisemitismus und faschistische Propaganda«. In: Ernst Simmel (Hg.): *Antisemitismus*, Fischer Verlag, Frankfurt am Main 1993, S. 148–161, hier S. 153.

13 Ebd., S. 161.

14 Martin Heidegger: *Sein und Zeit*, Vittorio Klostermann, Frankfurt am Main 1977, S. 353.

15 Friedrich Dürrenmatt: »Die Hoffnung, uns am eigenen Schopfe aus dem Untergang zu ziehen.« Laudatio auf Michail Gorbatschow, 1990. In: Daniel Keel (Hg.): *Das Dürrenmatt Lesebuch*, Diogenes, Zürich 1991, S. 115–135, hier S. 120.
Vgl. auch Peter André Bloch: *Friedrich Dürrenmatt – Visionen und Experimente. Werkstattgespräche – Bilder –*

Analysen – Interpretationen, Wallstein Verlag, Göttingen 2017, S. 184–185: »Jeder Tod eines Menschen ist ein kleiner Weltuntergang, sein Weltuntergang. Der Tod ist die Urentdeckung des Menschen. Jeder weiß, dass er sterben muss. Der Mensch ist das Wesen mit dem Bewusstsein seiner Endlichkeit. Das Tier lebt in einem gewissen Sinne unendlich, es lebt im Moment, füllt ihn ganz aus, der Mensch hingegen lebt endlich, hat diese Einheit mit der Zeit verloren. Der Mensch ist das Tier mit der schlimmstmöglichen Wendung.«

[16] Epikur: »Brief an Menoikeus«. In: Horaz; Epikur: *An die Freunde. Horaz – Das Erste Buch der Briefe und ein Brief des Epikur an Menoikeus*, Hermann Böhlaus Nachf., Wien, Köln, Graz 1981, S. 59–64, hier S. 60.

[17] Thomas Macho: »Sterben zwischen neuer Öffentlichkeit und Tabuisierung«. In: Franz-Josef Bormann, Gian Domenico Borasio (Hg.): *Sterben. Dimensionen eines anthropologischen Grundphänomens*, De Gruyter, Berlin, Boston 2012, S. 41–49, hier S. 41; siehe auch Thomas Macho: *Todesmetaphern. Zur Logik der Grenzerfahrung*, Suhrkamp, Frankfurt am Main 1987.

[18] Bastian Brinkmann, Roland Preuß: »Meine Generation hat über ihre Verhältnisse gelebt«, Interview mit Monika Schnitzer, *Süddeutsche Zeitung*, 8.01.2023, https://www.sueddeutsche.de/wirtschaft/renten-gene rationengerechtigkeit-babyboomer-wirtschaftsweise-schnitzer-1.5728402

[19] Deutscher Bundestag: »Vor 25 Jahren: Bundestag verabschiedet Rentenreformgesetz«, https://www.bundes tag.de/dokumente/textarchiv/2022/kw41-rente-kalen derblatt-209618

[20] Bundesministerium für Familie, Senioren, Frauen und Jugend: »Fast ein Viertel der über 80-Jährigen in Deutschland leidet unter Altersarmut«, Aktuelle Mel-

dung vom 16.12.2021, https://www.bmfsfj.de/bmfsfj/
aktuelles/alle-meldungen/fast-ein-viertel-der-ueber-
80-jaehrigen-in-deutschland-leidet-unter-altersarmut-
190066

[21] Bertelsmann Stiftung: »Demokratie weltweit unter
Druck: Zahl der autoritären Regierungen steigt weiter«,
https://www.bertelsmann-stiftung.de/de/themen/ak
tuelle-meldungen/2022/februar/demokratie-weltweit-
unter-druck

[22] Im Original: »*The first casualty when war comes is truth.*«
In: Johannes John, *Reclams Zitaten-Lexikon*, Reclams
Universal-Bibliothek (German Edition), Reclam Verlag,
Stuttgart, S. 253.

[23] Hannah Arendt: »Besuch in Deutschland. Die Nach-
wirkungen des Naziregimes«, in: Hannah Arendt: *Zur
Zeit. Politische Essays*, hrsg. von Marie Luise Knott und
übers. von Eike Geisel, Rotbuch-Verlag, Berlin 1986,
S. 42–70, hier S. 47.

[24] Renate Köcher: »Wie gespalten ist Deutschland?«
Allensbach-Umfrage, *Frankfurter Allgemeine Zeitung*,
26.07.2022, https://www.faz.net/aktuell/politik/inland/
deutschland-nicht-so-gespalten-wie-amerika-laut-
allensbach-umfrage-18200356.html?premium

[25] Selbst wenn die Mieten gleich hoch geblieben wären,
bedeutet dies doppelte Ausgaben.

[26] Umwelt Bundesamt: »Mobilität privater Haushalte«,
https://www.umweltbundesamt.de/daten/private-haus
halte-konsum/mobilitaet-privater-haushalte#-hoher-
motorisierungsgrad

[27] Bundesministerium für Umwelt, Naturschutz, nukleare Sicherheit und Verbraucherschutz: »Fast Fashion«,
https://www.bmuv.de/themen/nachhaltigkeit-digitali
sierung/konsum-und-produkte/produktbereiche/mode-
und-textilien

28 Max J. Zenglein: »Abhängig oder aufeinander angewie-
    sen? Eine Neubewertung der Wirtschaftsbeziehungen
    der EU mit China«, mecris.org, 17.11.2020, https://merics.
    org/de/studie/abhaengig-oder-aufeinander-angewie
    sen-eine-neubewertung-der-wirtschaftsbeziehungen-
    der-eu
29 Arthur Schopenhauer: *Schopenhauer's sämmtliche Werke
    in fünf Bänden. 5: Parerga und Paralipomena, 2. Teil*,
    Inselverlag, Leipzig 1860, S. 533.
30 Antonio Gramsci: *Gefängnishefte*, Band 9, Hefte 22 bis
    29, hrsg. von Peter Jehle, Argument, Hamburg 2012,
    Heft 28, §11, S. 2230–2232, hier S. 2232.
31 Tali Sharot: »The optimism bias«, *Current Biology*,
    Volume 21, Issue 23, 2011, S. R941-R945, https://doi.
    org/10.1016/j.cub.2011.10.030
32 Thomas Assheuer: »Himmel in Flammen«, *Die Zeit*,
    25.05.2022, S. 55–56, hier S. 56.
33 Spinoza, *Ethik*, Teil 4, http://www.zeno.org/Philoso
    phie/M/Spinoza,+Baruch+de/Ethik/4
34 Thomas Assheuer: »Himmel in Flammen«, *Die Zeit*,
    25.05.2022, S. 55–56, hier S. 56.

IV Auswege: Worauf es jetzt ankommt

1   Heinz Bude, a. a. O., S. 15.
2   Hannah Engelmeier: *Trost. Vier Übungen*, Matthes &
    Seitz, Berlin 2021, S. 178 f.
3   Heinz Bude, a. a. O., S. 11; Niklas Luhmann: *Ökologische
    Kommunikation. Kann die moderne Gesellschaft sich auf
    mögliche ökologische Gefährdungen einstellen?*, VS Verlag
    für Sozialwissenschaften, Wiesbaden 2008, S. 158.
4   Erich Fried: »Angst und Zweifel«, in: *100 Gedichte ohne
    Vaterland*, Wagenbach, Berlin 1981, S. 89.

[5] Georg Simmel: »Das Geheimnis und die geheime Gesellschaft«, in: *Soziologie. Untersuchungen über die Formen der Vergesellschaftung* [1908], Duncker & Humblot, Berlin, 7. Aufl. 2013, S. 267–317, hier S. 274.

»Damit gewinnt auch jene Vor- oder Nachform des Wissens um einen Menschen: das Vertrauen zu ihm – ersichtlich eine der wichtigsten synthetischen Kräfte innerhalb der Gesellschaft – eine besondere Evolution. Vertrauen, als die Hypothese künftigen Verhaltens, die sicher genug ist, um praktisches Handeln darauf zu gründen, ist als Hypothese ein mittlerer Zustand zwischen Wissen und Nichtwissen um den Menschen. Der völlig Wissende braucht nicht zu vertrauen, der völlig Nichtwissende kann vernünftigerweise nicht einmal vertrauen.«

[6] Der Paritätische Gesamtverband: »Der Paritätische Armutsbericht 2022: Zwischen Pandemie und Inflation«, https://www.der-paritaetische.de/themen/sozial-und-europapolitik/armut-und-grundsicherung/armutsbericht-2022/

[7] Hannah Arendt: *Vita activa oder vom tätigen Leben*, Piper, München 2002, S. 36.

[8] Carolin Emcke: »Auf der Suche nach der Sprache der Krise«, *Süddeutsche Zeitung*, 10.02.2023, https://www.sueddeutsche.de/meinung/kolumne-emcke-klima bewegung-sprache-1.5749014?reduced=true

[9] Philipp Lepenies: *Verbot und Verzicht. Politik aus dem Geiste des Unterlassens*, Suhrkamp, Berlin 2022, S. 218 f.

[10] Heribert Prantl: »Ist jetzt Freiheit oder ist noch Ordnung?«, *Süddeutsche Zeitung*, 26.02.2023, https://www.sueddeutsche.de/meinung/1848-ruhe-unruhe-direkte-demokratie-luebbe-wolff-buergerinitiative-corona-kommentar-1.5757555

[11] Darius Reinhardt et al., a. a. O., S. 8.

[12] Von insgesamt 693 753 Lehrkräften in Deutschland haben nur 10 821 eine ausländische Staatsbürgerschaft (Schuljahr 2019/2020). Quelle: GEW: »Verschenkte Chancen? Die Anerkennungs- und Beschäftigungspraxis von migrierten Lehrkräften in den Bundesländern«, GEW, Frankfurt am Main, August 2021, https://www.gew.de/fileadmin/media/publikationen/hv/Themen/Migration/202108-Migrierte-Lehrkraefte-2021-A4-web.pdf

[13] Friedrich Schiller: *Wallenstein: ein dramatisches Gedicht*, Reclam, Leipzig 1880, S. 38, https://www.google.de/books/edition/Wallenstein/iqGAVqhsdaAC?hl=de&gbpv=0

»Ein Buch, das keiner schnell vergessen wird.«

3sat »Buchzeit«, Gert Scobel

Michel Friedman

Fremd

Berlin Verlag, 176 Seiten
ISBN 978-3-8270-1461-0

»Mit *Fremd* hat Michel Friedman ein überaus mutiges Buch geschrieben. Es ist so persönlich geworden, dass ich nur bewundern kann, wie tief er hier in seine eigene Geschichte – und die seiner Familie – blicken lässt. Und da gerade das Persönlichste in der Kunst oft von allgemeiner, gesellschaftlicher Bedeutung sein kann, bin ich mir sicher, dass viele Leserinnen und Leser von *Fremd* sehr berührt sein werden.«

Oliver Reese, Intendant Berliner Ensemble